성공하는
노래방
창업하기

크라운출판사
http://www.crownbook.com

새로운 세계로의 비상...

●●●

아프리카 오지나 몽골 고산지대, 태평양 섬나라 어디를 가더라도 그 민족의 고유한 노래와 축제가 있고 유행하는 노래가 있다. 그만큼 노래와 춤은 세계 인류사의 문화와 삶의 기쁨과 애환과 더불어 있었다.

예로부터 우리 민족도 노래와 춤을 즐기는 민족으로서, 풍류를 즐기는데 둘째가라면 서러워할 정도이다. 우리나라의 '노래'라는 어원에서도 이러한 문화를 발견할 수 있는데, 그 어원은 '놀다(遊)'라는 동사의 어간 '놀'에 명사화된 접미사 '애'가 붙어서 '놀애', 즉 노래가 된 것이다.

또한 모 방송국에서 진행하는 전국노래자랑 프로그램이 수십 년째 꾸준히 시청자들의 인기를 독차지하는 최장수 국민프로그램이라는 것과 전국에 있는 노래연습장 수를 헤아려 보아도 우리 한국 사람들이 얼마나 노래를 좋아하고 생활화하고 있는지를 잘 알 수가 있다.

그리고 한국인이라면 노래연습장에 가보지 않은 사람이 과연 몇이나 될까 싶을 정도로 노래에 대한 한국 사람들의 열정은 뜨겁다. 그러한 열정이 오늘날 일본, 중국, 미국으로 이어지는 한류 스타가수들을 탄생시킨 원동력이라 할 수 있을 것이다.

노래에 대한 열정만큼이나 노래연습장의 창업 열풍으로 이어진 지금은 노래연습장 천국이라 해도 과언이 아닐 만큼 골목 구석구석에 노래연습장들로 넘쳐나는 현실이다. 당연히 경쟁은 치열하고 지속되는 경

기 불황은 일반인들의 소비 위축으로 모든 분야에 수익 악화로 어려움이 더해가고 있다.

명예 퇴직자나 대학을 졸업해도 아직까지 직장을 구하지 못한 채 창업 전선으로 뛰어들게 되는 초보 사업자들은 음식업, 호프점, 커피전문점 등의 창업에 대해 알아본다. 그 중에서도 노래연습장인 경우에는 특별한 기술을 요구하지 않아서 많은 사람들이 창업하고자 하는 업종 중의 하나에 해당된다.

막상 노래연습장 창업을 하기 위해 사방으로 찾아보아도 적절한 창업 안내서조차 거의 없다는 데서 저자가 연구원에 재직시절 당시 중소기업청 소상공인지원센터 중앙회의 요청으로 『노래연습장 창업 가이드』를 집필했던 것이 거의 십년이 다 되어 가고 있다. 이와 관련된 법률의 많은 부분이 개정되었고 창업 환경도 그때와는 많이 달라진 터에 노래연습장 창업을 희망하는 예비 창업자들의 성공적인 창업 가이드를 위하여 이 책을 집필하게 된 동기가 되었다.

이 책은 당장 창업 현실에 적용 가능한 내용을 담고 있으며, 현실감을 높이기 위해 가능한 모든 경우마다 사례를 들어 설명하려고 노력하였다. 물론 사례 하나에 그 내용을 모두 담고 있지는 못하지만 개념을 이해

하고 실제로 활용하는 데에는 사례만큼 효과적인 수단은 없을 것이다. 성공 사례가 여러분들을 똑같이 성공자로 만들 수 있는 것은 아니지만 성공을 하고자 하는 사람들에게 이 책은 든든한 노래연습장의 창업과 경영을 하는데 있어서 성공의 길잡이가 될 것이다.

다시 한번 강조하건대 노래연습장 창업은 젊은이들이 많이 모여 있거나 중년층 이상의 사람들이 많이 모여 있는 입지라면 한번쯤은 창업을 고려해볼 필요가 있다고 본다. 더욱이 최신 노래반주기와 나름대로의 분위기가 있는 인테리어, 고객을 감동시킬 수 있는 서비스 등을 제공할 수만 있다면 언제든지 성공할 수 있다고 본다. 그래서 창업을 권유하고자 한다.

마지막으로 실무적인 내용을 보완하기 위해 국제적인 행사로 바쁜 일정에도 불구하고 언제나 편안하게 지도와 조언으로 일관해주신 국제 10021클럽의 박기현 실장, 직원이지만 한마음 한뜻으로 열심히 조력을 다해준 이유진 님에게 감사를 드린다.

물심양면으로 지원을 해주신 이상원 사장님을 비롯하여 크라운출판사 가족 모두에게 감사를 드린다. 그리고 특히 이 책을 위해 밤낮 없이 편집 내용을 꼼꼼히 챙기며 헌신적인 노력을 아끼지 않은 시어머님 같은 크라운출판사 김순자 팀장님의 노고에 진심으로 깊은 감사를 드린다.

저자 드림

나만의 **체크** 창업 calendar

●●●

예비 창업자들은 창업 초기부터 다른 부분에 시간과 노력이 낭비되지 않고, 오로지 성공적인 창업에 전력 투구하기 위해서 최선의 노력을 아끼지 말아야 한다. 따라서 체계적인 창업 준비를 하는데 있어서 가장 도움이 되는 것은 예비 창업자 스스로가 준비 과정에서부터 개업까지의 창업 캘린더에 명시되어 있는 항목들을 꼼꼼하게 확인해보는 일이라 볼 수 있다.

일정 / 업무	업종선택 이전 준비단계	1일~ 10일	11일~ 20일	21일~ 30일	31일~ 40일	41일~ 50일	51일~ 60일	61일~ 70일	71일~ 80일	81일~ 90일
창업자 환경 검토	□창업자 마인드 확립 □자금력 확보									
창업 상담 창업 교육	□소상공인지원센터/프랜차이즈 본사 방문 ➡ 창업적성검사 □창업전문교육기관의 교육 이수									
시장 조사 업종 선택	□시장조사 □트렌드 파악 □매체 성공 사례 탐색 □인터넷 검색 □정보의 일괄 정리									
창업 형태 결정		□동 업종의 독립점, 가맹점 현장 방문 및 조사 분석 ➡ 독립점, 가맹점의 장·단점 분석								
1차 상권 입지 분석		□점포에 대한 상권/입지 분석 □경쟁업체 및 타깃 고객 분석								
사업 타당성 분석		□소상공인지원센터 방문 ➡ 입지와 아이템에 대한 사업타당성 분석의 서비스 의뢰								
점포 계약 전 점검사항		□인허가 가능 지역, 건물 하자 관계, 건물 용도, 건축물대장등기부등본 확인								
점포 계약		□부동산 전문가를 통한 철저한 권리관계 분석 ➡ 상가건물임대차계약서 작성								
운영 형태 확정		□사업타당성에 의거한 독립점과 프랜차이즈 가맹점 중에서 운영 형태 결정								
사업 계획 수립		□선정 아이템의 종합 분석 □개점까지의 모든 계획과 공사일정의 요약 정리								

일정 / 업무	업종선택 이전 준비단계	1일~10일	11일~20일	21일~30일	31일~40일	41일~50일	51일~60일	61일~70일	71일~80일	81일~90일
경쟁업체 조사 분석	□기존 이용자들의 만족도 조사와 요구사항 조사 ➡ 주변상인이나 지인을 통한 조사									
시설 일정 검토	□인테리어 콘셉트 확정 □상호(네이밍)와 간판 디자인(독립점 경우)									
인테리어 공사	□매장의 콘셉트와 고객층에 맞는 분위기 □인허가 조건에 맞는 시공 상태 점검									
2차 상권 판촉 조사	□마케팅의 관점에서 주변상권 세부 분석 ➡ 분석에 의한 마케팅 전략 수립									
인허가신고 서류 접수	□영업신고 관련 서류 작성 및 사업자등록증 신청 □전단지 제작									
직원 채용	□아르바이트 및 직원모집 광고 □인터넷이나 지역 광고지(생활정보지) 활용									
사업장 콘셉트 확정	□독립점의 경우 브랜드 네이밍 후 상표, 서비스표 출원(향후 상표사용권 분쟁 방지 차원)									
상품 공급처 확보(원재료)	□상품 및 기자재, 원재료의 원활한 공급을 위한 공급처 확보									
오픈전마케팅/ 직원 교육	□점포에 대한 상권/입지 분석 □경쟁업체 및 타겟고객 분석 □운영 관련된 친절, 서비스 교육 실시									
운영자금 확보	□원활한 운영자금 확보를 위한 자금여력 증대 ➡ 창업지원자금 신청여부 검토									
소방시설, 비품 구입	□소화장비, 비상경보, 대피시설 등 시공 □영상, 음향, 네트워크 구축, 냉·난방기 등 기물 세팅									
영업 신고 완료	□영업신고와 소방완비증명 등 제반신고 및 허가사항의 최종 마무리									
최종 리허설	□반주시스템, 조명, 수도, 배수시설, 코인기, 카드체크기 등 정상 작동 점검, 전직원 리허설									
매장 오픈	□영업 개시 □당일 경품행사 및 행사도우미 동원, 이벤트 행사, 판촉물 증정									
고객 사후 관리	□단골고객의 정보 확보 □지속적인 매장 업그레이드 매출의 극대화 전략 실시									

노래연습장 **창업**의 self-test

노래연습장 창업을 구상하거나 추진 중에 있는 예비 창업자들에게 다소나마 도움을 주고자 이 코너를 마련하였다. 우수한 결과가 나오더라도 창업의 성공 여부와 직결된다고 보장할 수는 없으나 창업하기에 앞서 창업자 자신의 적성이 이 업종에 맞는지 안 맞는지를 파악하는 일이 무엇보다도 선행되어야 한다. 먼저 아래 항목을 읽고서 '그렇다', '아니다' 중에서 하나를 선택한다.

번호	항 목	그렇다	아니다
1	노래연습장 창업에 대해 심각하게 고민 중에 있다.		
2	노래 부르는 것을 좋아한다.		
3	평소 노래연습장 관련 창업 아이템에 많은 관심을 가지고 있다.		
4	다른 사람들로부터 소리꾼의 재주가 있다고 듣는다.		
5	평상시 음악에 대한 관심과 사랑이 많은 편이다.		
6	시스템(노래반주기 등)을 다루는 기술을 가지고 있다.		
7	현재 시스템을 다루는 지식과 기술은 없지만 앞으로 배우면 잘 할 수 있다.		
8	창업에서 성공하기 위해서는 자존심을 버릴 수 있다.		
9	매일 신문과 인터넷상에서 노래연습장 창업 관련 정보를 습득한다.		
10	나름대로 상권과 입지를 분석하는 눈이 있다고 생각한다.		
11	한 번 목표를 정하면 거의 포기하지 않는 편이다.		
12	평소 자신을 절제하고 계획된 생활을 하는 편이다.		
13	어떤 일을 하면 과감한 추진력을 가지고 하는 편이다.		
14	남보다 부지런하고 친절하다는 말을 듣는다.		
15	주위에 항상 사람들과 대인관계의 폭이 넓다.		
16	어떠한 문제가 발생했을 경우에 긍정적인 면을 먼저 생각한다.		
17	내 스스로 사업계획서를 나름대로 작성할 수 있다.		
18	기본적인 창업 절차와 지식을 갖고 있다.		
19	기획하고 분석하는 일을 좋아하는 편이다.		
20	처음 사람을 만나도 상대방이 편안하게 대할 수 있다.		
21	상황별 이해득실을 빨리 계산할 수 있다.		
22	가족이나 친척들과 비교적 화목한 편이다.		
23	창업을 했을 때 주위 사람들로부터 도움을 받을 수 있다.		

번 호	항 목	그렇다	아니다
24	건강을 위해서는 지금 당장 담배를 끊을 수 있는 마음자세가 있다.		
25	평소 꾸준하게 자기 계발을 위해 자격증, 취미 생활을 하고 있다.		
26	세금과 절세하는 방법을 알고 있다.		
27	자신의 이야기보다 남들의 이야기를 잘 듣는 편이다.		
28	이전에 다른 업종으로 창업했던 경험이 있다.		
29	창업의 환경 요소에 대해 나름대로 설명할 수 있다.		
30	남들과의 약속은 최대한 성실히 이행해줘서 실망을 주지 않는 편이다.		
31	마음이 내키지 않아도 상대방의 기분을 맞춰 줄 수 있다.		
32	주위에서 리더 기질이 있다는 말을 자주 듣는다.		
33	젊은 세대의 취향과 행동에 대해 어느 정도 이해한다.		
34	현재 인기 있는 톱 10 노래 목록과 가수 이름은 알고 있다.		
35	노래연습장에서 애창곡 10개 정도는 악보를 보지않고 부를 수 있다.		
36	음악 관련 동호회나 인터넷 음악카페에 자주 방문하는 편이다.		
37	상대방의 불만 사항을 설득할 수 있는 능력이 우수하다.		
38	이전에 직접 영업 활동이나 판촉 활동을 해 본 경험이 있다.		
39	남들을 자주 웃기는 등 유머감각과 1개 정도의 장기를 가지고 있다.		
40	노래연습장을 다니며 시설 상태 등을 유심히 관찰한 적이 있다.		
41	주위에 친구나 선후배 등이 많은 편이다.		
42	단골고객을 확보할 수 있는 접객 서비스에 자신감을 가지고 있다.		
43	오늘이 마지막 기회라고 생각하면서 매사에 열정을 갖고 일한다.		
44	창업박람회, 창업강좌, 사업설명회 등에 참석해 본 경험이 있다.		
45	사람 만나는 그 자체를 좋아한다.		
46	결정을 내릴 때 되도록 가족들과 의논하는 편이다.		
47	창업을 할 수 밖에 없는 절박한 이유가 있다.		
48	전체 창업 비용 중 자기자금 비율이 50% 이상을 준비하였다.		
49	어려울 때 상담할 수 있는 사람이 최소한 3명 정도는 있다.		
50	희망을 위해서는 현재의 어려움과 위험을 감수할 수 있다.		

테스트 결과

각 항목의 '그렇다' 일 경우 2점, '아니다' 일 경우는 0점으로 계산한 후 총점
을 내고 채점 결과에 따라 아래 사항을 참조한다.

▲ 80점 이 상 : 노래연습장 창업에 매우 높은 적성을 가지고 있다.
▲ 60점~78점 : 노래연습장 창업에 높은 적성을 가지고 있다.
▲ 40점~58점 : 노래연습장 창업에 보통 수준 적성을 가지고 있다.
▲ 30점~38점 : 노래연습장 창업에 적성이 부족하다.
▲ 30점 미 만 : 노래연습장 창업에 부적합하다.

성공하는 노래연습장 창업하기

c o n t e n t s

>>> 출발!! 창업 여행

 구상기

Part_1
멀티형 노래연습장의
비지니스 정보를 수집한다

준비기 Part_2
멀티형 노래연습장의
창업 전략은 이렇게 한다

준비기

>>> 출발!! 창업 여행

경영기 Part_3
창업 이후에
알아야 할 경영 기법을
매뉴얼화 한다

music shop

1

멀티형 노래연습장의
비지니스 정보를 수집한다

노래연습장은 현금회전이 높아서 자금 경색의 위험이 거의 없으며, 점포 관리가 누구나 할 수 있고 투자비용에 비해 순이익률이 매우 높은 대중성을 지닌 업종 중의 하나로서 창업자의 능력에 따라 아직도 매력 있는 향후 몇 년간은 투자가치가 있다.

01 우리나라 대중가요의 역사를 이해한다

how to
대중가요란 대중에게 널리 불리는 노래의 총칭으로 시대와 장소에 따라 많은 변화를 보여 왔다. 또한 순수 예술적 노래에 대비가 되는 개념으로 쓰이고 있지만, 그 시대의 사회상을 반영하는 거울과 같은 역할을 하기도 한다.

●●● 우리나라 대중가요는 서민의 삶과 궤적을 같이해 왔다. 1960년대 이전 노래들은 시대적인 노래들이 많이 있었다. 군사독재 시절에는 은유적 가사들이 시대의 아픔을 노래한 음울하고 슬프거나 애절한 곡들이 대부분이었다. 그러나 1960년대로 들어서면서 부터 좀 더 희망차고 역사적인 시름에서 벗어난 가사는 물론 소위 '뽕짝'이라는 트로트 음악에도 상당히 변화된 리듬이 도입되었다. 트로트는 지친 삶에 활력을 불어넣듯 우리들의 흥을 돋웠다.

조용필과 서태지는 대중가요의 혁명을 이끌었고 발라드는 소녀들의 가슴을 적시더니 지금은 현란한 댄스음악이 신세대 젊은이를 사로잡고 있다.

| 1960년대 |

이 시대의 음악 형태를 살펴보면 기본적인 4/4박자의 트로트에서 슬로우록, 폴카, 맘보, 트위스트 등 다양한 리듬이 국내에 소개되면서 많은 변화를 가지게 되었다. 특히 슬로우록을 도입하여 작곡된

곡들은 드라마틱한 것을 특징으로 들 수가 있다. 1965년도부터 1969년도까지는 트로트의 황금기라고 할 만큼 트로트는 대중의 가슴을 파고들었다.

당시 대표적인 가수로는 이미자, 남진, 나훈아, 배호, 패티김, 김세레나, 정훈희, 최희준, 박일남 등이 활동하였다.

| 1970년대 |

1970년대에는 '포크송'이라는 새로운 음악이 선을 보이는 시기였다. 포크송이란 통키타 가수들이 등장해 젊은이들 위주의 새로운 음악 쟝르를 선보이면서 트로트는 잠시 위축된 듯하였으나 그래도 대중들의 꾸준한 사랑을 이어 나왔다. 당시 포크송 가수로는 윤형주, 김세환, 송창식, 은희, 양희은, 이연실, 어니언스 등이 활동하였고 트로트 가수로는 이미자, 남진, 나훈아, 하춘화, 김부자 등이 활동하였다.

●● 국정홍보처 발행지(코리아플러스 20호 37쪽 참조)

1975년도 후반에는 조용필의 '돌아와요 부산항'이 1970년대를 대표하는 최고의 히트곡으로 불렸다. 1977년 대학가요제 1회 MBC 대상곡(썰물-밀려오는 파도소리에)을 시작으로 젊은이의 가요제인 해변가요제, 강변가요제 등을 통한 대학생들의 가수 활동이 이때부터 넓혀지기 시작하였고 당시의 가수들은 그룹사운드가 대다수였다. 1970년도 후반의 가요들은 새로운 쟝르의 트로트풍으로 변화된 음악이 사랑을 받았다. 이때 대표적인 가수로는 혜은이, 이은하, 최헌, 조경수, 윤수일, 박경애, 최백호, 최병걸, 김세화, 김만수, 권태 수 등이었다.

| 1980년대 |

1980년도는 조용필 시대라고 할 수 있다. 가요제에 대상이라는 대상은 모두 휩쓸었고 1980년도 조용필의 '창밖의 여자'는 최고의 인기를 얻은 가요였다.

1980년대도 젊은층 위주의 노래가 사랑을 받은 반면 후반에는 소위 말하는 전통가요라는 트로트가 인기를 얻었다. 요즘은 '성인가요'라고도 한다.

이때 젊은층들부터 사랑을 받은 가수로는 조용필, 이용, 전영록, 김수희, 이선희, 김범룡, 윤수일, 김학래 등이었다. 그리고 전통가요 트로트로 사랑을 받은 가수는 주현미, 현철, 태진아, 김지애 등이었다.

| 1990년대~현재 |

1992년도 서태지와 아이들의 등장으로 새로운 음악 쟝르가 등장되었다. '랩'이라고 하는 음악, 즉 이야기하듯이 하는 음악 쟝르이다. 당시 히트했던 '난 알아요'라는 음악은 10대에서부터 20대들의 많은 사랑을 받으면서 대중가요의 새로운 쟝르를 열었다. 그 이후부터 현재까지 대중가요는 많은 변화를 거치며 발라드, 랩, 댄스 등 많은 노래들이 대중의 사랑을 받으며 인기를 이어가고 있다.

02 노래연습장은 이렇게 탄생했다

how to
10여 년의 짧은 역사이지만 많은 사람들이 노래연습장을 즐겨 찾는다. 기쁠 때나 슬플 때나, 혹은 어울림이 필요할 때마다 이곳은 대중들의 안락한 쉼터이며, 휴식처를 제공하기 때문이다.

●●● 노래연습장은 일본에서 건너온 가라오케 문화와 전혀 무관하다고는 볼 수는 없다. 당시 우리 저변에서 가장 널리 알려진 것은 가라오케 문화로 노래와 가무를 즐기는 공간으로 인식되고 있었다. 이런 와중에 노래연습장의 출현은 대중적인 문화 공간으로 자리 잡기 이전에 '변종 업종', '가라오케의 축소판'으로 불리기도 했으며, 이것이 현재 노래연습장에 대한 편견을 갖게 된 요인이라고 볼 수 있다.

그러나 노래연습장의 이면에는 가라오케와 전혀 다른 한국적 문화들이 녹아 있어 단순히 가라오케의 산물로 취급하는 것은 옳지 않다는 지적이다. 실제 일본의 가라오케는 술과 음식, 접대부가 함께 있는 유흥 일변도의 문화다. 하지만 노래연습장의 경우는 탄생 초기부터 간단한 음료 이외엔 순수 노래 반주를 제공하는 영업 전략으로 대중들의 건전한 놀이문화를 주도해나갔다. 또 노래반주기 자체의 구조에서도 외세적인 것이 묻어나지 않아 민족 정서와 일치된 놀이문화를 만들어 가는데 일조했다고 말할 수 있다.

현재까지 노래연습장이 대중들로부터 꾸준한 사랑을 받고 있는 이유도 바로 우리 문화의 한 조류로서 노래연습장이 인식되고 있기 때문이다.

노래연습장의 탄생 배경은 일본의 가라오케 문화의 시작에서부터 유추해 볼 수 있다. 일본의 가라오케 문화는 반주 음악을 녹음한 테이프를 스낵점 등 업소에서 활용하던 때부터 시작됐다. 이후 업소용 가라오케8트랙 테이프 메커니즘 사용가 출현했던 1976년부터 본격적인 붐이 일기 시작해 파이오니아 사가 만든 LDP레이저 디스크 플레이어를 활용한 가라오케가 절정을 이룸으로써 명실상부한 일본의 대중문화로 자리 잡게 됐다. 특히 일본의 가라오케는 LD레이저 디스크에 영상과 음악, 부호를 원곡 그대로 수록하여 LDP 등 주변기기와 조합시켜 만든 음악 연주기로 수년 전부터 자국의 붐을 토대로 정부의 각별한 지원 아래 세계 각국에 전파됐다.

물론 한국도 예외는 아니어서 '한국어 꼴' 일본가사 자막으로 변환시킨 음악 연주기가 선박 왕래가 잦은 부산을 전초기지로 하여 상륙, 술집과 룸싸롱 등에 설치되기 시작해 한때 부산 지역만도 2천여 업소가 성행할 만큼 급증했으며, 일부는 관광버스에까지 보급되기도 했다. 그러나 가라오케 문화는 우리의 대중문화와 접목되기보다는 일부 특정 계층을 겨냥한 고급 유희, 향락문화로 인식되어 그리 좋은 반응을 얻지는 못했었다.

지난 1988년은 노래연습장 시대의 서막을 알리는 중요한 계기가 된다. 1984년 초 반도체를 이용한 노래반주기 개발에 착수한 영풍전자는 4년간의 실패를 거듭한 끝에 1988년 컴퓨터 노래반주기CMP 개발에 성공했다. 하지만 음악과 영상, 자막이 동시 재현되지 않는 문제로 다시 재개발에 착수, 당시 컴퓨터 엔지니어인 로얄 전자대표 현중당와 자막기 개발을 시도한 결과 결국 문제점을 해결하게 됐다.

이렇게 개발된 컴퓨터 노래반주기는 지난 1991년 4월 동아대학교 앞 로얄전자 오락실 한 켠에 초기 음향을 약 1.6평에 마련하여 시범 운영에 들어 갔고, 이용자들의 폭발적인 호응을 얻으면서 마침내 5월 12일 부산 광안리 해수욕장 '하와이비치' 노래연습장과 부산 충무동 '국도' 노래연습장 오픈을 시작으로 본격적인 노래연습장 시대의 서막을 열어젖히게 됐다.

당시의 노래연습장의 인기는 실로 대단했댜. 이전에 쉽게 접할 수 없었던 가라오케와는 달리 저렴한 이용요금초창기 곡당 3백원 정도과 노래 반주와 자막, 영상이 조화된 놀이 문화의 신기함은 시민들의 입과 입으로 전해져 선풍적인 인기를 끌게 됐다. 또 같은 해 12월에는 이 같은 인기에 힘입어 부산에만 2백여 개가 넘는 업소가 생겨났으며 마산, 포항, 대구 등을 포함한 전국 각지로 삽시간에 확산되기 시작했다.

10여 년이 지난 지금 현재는 37,000여 업소가 전국에서 성업 중에 있다.

03 노래연습장의 창업 환경을 이해한다

how to
현재 노래연습장은 춘추전국시대로 비유될 만큼 넘쳐나고 있다. 가무(歌舞)에 익숙한 한국인의 정서와 맞아 떨어지면서 1990년대 초반에 도입된 노래연습장은 어느 곳이든 도보로 10분 거리 안에 5개 정도 찾는 것은 어렵지 않다.

●●● 특별한 진입 장벽이 없는 노래연습장은 시장의 수요에 비해 공급의 과잉으로 경쟁이 갈수록 치열해지면서 사양 사업이란 말도 나오고 있다. 그러나 시설 노후화와 고급화에 따른 시장 경쟁력이 약한 업소가 도태되는 상황이지 노래연습장의 이용자들이 줄어든 것은 아니다. 노래연습장은 여전히 예비 창업자들에게는 매력이 넘치는 창업 아이템일 수밖에 없다.

불안한 경기상황과 소비위축 등으로 예비 창업자의 경제적 · 심리적 부담이 가중되는 시점에서 창업자들 중에서도 '빈익빈 부익부 현상'이 두드러지고 있다. 자본력이 있는 소수의 예비 창업자는 대형화, 고급화를 지향하는 반면 자금 여력이 없는 다수의 예비 창업자들은 최소 자본으로 가능한 창업 아이템을 선택할 수밖에 없는 실정이다.

사업이란 참으로 어렵고 힘든 일이다. 사람과 자본과 기술과 아이디어를 바탕으로 이익과 성장을 엮어내야 하는 종합 예술의 지휘자 같은 자리이기 때문이다. 이처럼 사업은 위험한 것이며, 충분한 지식과 경험을 바탕으로 하는 고도의 전문성을 요구하고 있는 것이다. 본인의 독창적인 아이템 개발만이 사업에서의 성공을 가져오는 것이고, 오래 갈 수 있는 것이다.

단순히 남들이 투자하니까 대형화, 고급화로 전부를 거는 무자비한 투자도 경계해야 하며, 어쩔 수 없이 창업이나 전업을 고려한다는 생각도 접어야 한다. 처음부터 큰 기대를 가지고 창업할 생각이라면 포화 상태인 창업 시장에서 살아남을 수 없다. 창업이 취업의 대안으로 어쩔 수 없이 선택해야 한다면 대박보다는 평생직장 만들기, 평생 일자리 창출을 목적으로 접근해야 성공할 수 있다.

| 노래연습장은 매력이 넘치는 창업 아이템이다 |

노래연습장은 아직도 우리나라 국민들의 여가생활에 없어서는 안 될 중요한 문화 공간으로 자리를 잡고 있는 것은 사실이다. 하지만 업소 간 과다 경쟁과 1990년대 후반부터 생긴 PC방으로 인해 주고객층이었던 10~20대층이 이동하면서부터 수익 보전의 방법으로 일부 업소에서 주류 제공 및 도우미를 이용한 퇴폐 영업으로 '노래연습장은 퇴폐적인 공간' 이라는 사회적 인식으로, 옛날처럼 노래연습장이 문전성시를 이루는 것을 주변에서 찾아보기가 힘들다. 다만 엄격한 법률의 개정과 함께 신생 업소와 기존 업주들이 고객의 다양한 욕구를 충족시켜줄 수 있는 차별화된 인테리어 콘셉트로 구성된 노래연습장은 대중들의 복합생활의 문화 공간으로 조금씩 자리 잡아가고 있다.

다음과 같은 측면에서 노래연습장 사업은 분명 경쟁력 있는 사업이다.

⬚ 사회 문화적 입장에서의 시각 〉〉〉 시장성과 안정성이 뛰어나다

- 남녀노소를 불문하고 10~60대까지 다양한 연령의 고객층을 갖고 있는 대중적인 문화이다.
- 유행을 타지 않아서 어느 정도의 유동인구가 있는 장소라면 어디든 창업이 가능하다.
- 우리나라 일일평균 100만 명 이상이 이용하고 있으며, 10년 이상 지속되어 온 산업의 한 부분으로 정형화된 사업 아이템이다.

⬚ 사업적 입장에서의 시각 〉〉〉 경제성과 효율성이 뛰어나다

- 초기에 투자되는 비용을 제외하면 타 업종에 비해 매월 유지비와 관리, 운영비가 적게 들어간다.
- 외식업이나 판매업에 비해 재고 부담이 없고 저렴한 인건비와 마진율(매출의 약 60~70%가 수익)이 높다.
- 경제의 변동(호황/불황)에 크게 영향을 받지 않는 경제적 사업이다.
- 운영이 쉽고, 전문적인 기술이 없이도 운영이 용이하다.
- 기타 부가 매출의 이익을 얻을 수 있다.

⬚ 고객 입장에서의 시각 〉〉〉 다양한 욕구 충족이 가능하다

- 적은 비용으로 스트레스 해소와 최고의 즐거움을 얻을 수 있다.
- 각종 소규모 모임의 오락 장소로서 최적의 역할을 해주고 있다.

이렇듯 어떠한 사업보다도 경쟁력 있는 사업이 노래연습장이다. 보다 적극적인 노력과 투자, 홍보 전략, 추가 신규 아이템의 지속적인 공급만 이루어진다면 노래연습장 사업의 전망은 밝다. 또한 도심의 상가 지역에서나 신축 건물이 들어서면 우선적으로 노래연습장이 신설되고 있고, 한 사업자가 다수의 업소를 운영하고 있다는 사실로 봐도 그 사업성에 대한 전망은 입증할 수 있다. 다만 어떤 사업이든 성공의 열쇠는 면밀한 기초 조사와 정확한 실태 분석을 통해서 예비 창업자의 능력에 의해서 그 성과를 극대화할 수 있다.

04 시설형 사업, 앉아서 돈버는 시대는 지났다

how to
노래연습장은 과거에는 적당한 시설만을 갖추어 놓고 창업을 해도 성공을 거두었던 시절
이 있었다. 그러나 최근의 시장 상황은 준비 없이 창업을 한다면 바로 사업 실패로 직결
된다.

●●● 노래연습장업은 시설형 사업이어서 음향 장비와 기기, 인테리어도 매우 중요한 부분을 차지한다. 또한 같은 입지에 동종 업종이 있을 경우에는 시설과 서비스 경쟁력에 의해 사업의 성패가 결정된다.

노래연습장과 같이 손쉬워 보이는 사업일수록 경험이 전혀 없는 예비 창업자들이 조심해야 할 함정들이 많이 도사리고 있다. 내가 쉬워 보이면 남들도 쉬워 보이는 것이 불변의 이치이다진입 장벽이 낮다. 10년이 지난 지금은 전국적으로 허가된 업소만 37,000여 개에 달하고 있을 만큼 업소 수가 폭증하였고 업종 간 생존을 위한 치열한 경쟁이 계속 심화되고 있는 상황이다.

이러한 현상은 '쉬운 사업'이라는 꼬리표가 떼어지지 않는 한 업소 수가 계속적으로 늘어날 전망으로 보인다.

다음은 이러한 업소 간의 경쟁을 문화관광부 콘텐츠 진흥과에서 2005년 12월 31일에 공고한 내용으로 정리하였다.

시·도	게임 제공업		노래연습장	비디오물 시청 제공업			PC방	복합유통업	게임물 관련업	
	청소년	일반(스크린 경마)		비디오방	소극장업	기타			제작업	배급업
서 울	173	2,753(44)	6,839	669	22	177	2,757	28	3,068	1,173
부 산	80	976(15)	2,869	128	4	–	1,656	1	110	31
광 주	39	654(13)	1,357	86	1	–	946	3	20	3
대 구	77	975(10)	2,264	105	4	–	1,245	6	38	5
대 전	26	511(10)	1,207	67	3	–	801	1	83	12
인 천	48	812(43)	2,272	101	5	–	286	11	67	13
울 산	48	406(4)	1,084	35	–	–	76	3	3	1
경기도	292	3,412(238)	7,853	430	12	32	1,255	18	262	60
강원도	122	542(10)	1,161	56	2	3	619	28	10	1
충 북	100	547(7)	1,145	4	–	–	461	4	16	5
충 남	115	514(16)	1,557	46	–	1	643	5	9	2
전 북	68	559(16)	1,327	82	–	–	653	5	37	1
전 남	169	766(8)	1,454	43	–	–	422	4	1	–
경 북	172	872(6)	2,186	92	1	–	1,121	9	5	–
경 남	195	984(26)	2,497	94	2	1	1,170	145	14	3
제주도	25	307(18)	381	22	–	–	219	1	4	2
계	17,339		37,453	2,366			14,330	282	3,747	1,312
	1,749	15,159 (484)		2,096	56	214				

단순하게 노래반주기, 시설, 인테리어를 깨끗하게 잘 해놓았다고 해서 노래연습장에 손님이 많이 몰려들 거라는 생각은 버려야 한다. 1990년대 초 노래연습장은 폭발적인 인기를 누리며 황금알을 낳는 거위에 비견될 만큼 엄청난 수익을 거둬들인 것이 사실이다.

동료들과 친구들, 가족이 함께 모여 반주에 맞추어 노래를 부를 공간이 없었던 시절에 노래반주기, 마이크, 음향시스템이 고객의 욕구를 충족시킬 수 있었다. 하지만 지금은 그런 장비와 시설만으로는 한계에 도달하였다. 기본만 가진 평범한 노래연습장의 운영은 이제 경쟁력이 없다. 최근의 노래연습장은 대형화와 고급화, 그리고 멀티미디어 기술을 기반으로 한 복합 엔터테인먼트 공간으로 바뀌어 가고 있다. 예를 들어 손님들의 대기 공간인 휴게실을 고급스러운 카페 분위기로 연출하고, 노래방 룸을 PC와 인터넷을 통한 온/오프라인 통합 멀티미디어 시스템과 노래반주기를 복합적으로 융합하였고, 화장실과 부대시설 공간 등 고객 위주의 편의시설을 한층 수준 높은 문화 공간으로 제공하고 있다. 그러나 점점 고급화되어 가는 추세에서 단순히 인테리어만으로는 경쟁력을 갖기는 힘들다는 것을 알 수 있다. 시대에 맞는 차별화된 서비스 경쟁력을 더 높일만한 나만의 노하우와 정보를 구축하는데 지속적인 노력을 기울여야 할 것이다.

●● 세련되면서도 산뜻함을 강조한 카운터

●● 자연의 느낌과 편안하고 아늑한 쉼터의 공간을 배려한 휴게실

그래서 현 시점에서 예비 창업자들에게 가장 필요한 것은 실제적이고 구체적인 현장 창업 정보를 바탕으로 한 합리적인 투자라고 할 수 있다.

그러나 안타깝게도 노래연습장 창업에 대한 일괄적인 정보를 접하기란 쉬운 문제가 아니다. 시공업체나 판매업체들의 경우 경험 없는 예비 창업자들은 좋은 마케팅 대상일 뿐이고, 기존 업소의

●● 영상과 음악, 차와 음료수를 즐길 수 있는 카페 기능을 복합한 휴게실

경우 눈에 가시 같은 경쟁자로 비춰질 수밖에 없기 때문에 올바른 정보를 접하기가 힘들 수밖에 없다. 그렇다고 하더라도 열심히 발품을 팔아 정보를 수집하여 전문가나 창업상담기관을 찾아서 수집한 정보에 대한 검증을 받아서, 나만의 노하우와 경쟁력을 하나씩 갖추어 나가야 한다.

05 노래연습장은 DVD방과 도 겸업이 가능하다

how to
고객의 다양한 욕구를 충족시킬 뿐만 아니라 시장을 확대하기 위하여 노래연습장과 접목 가능한 샵인샵(shop in shop) 개념의 DVD방을 별도로 설치하여 운영함으로써 매출 신장을 기대할 수 있다.

●●● 노래연습장과 같은 음반 · 비디오물 및 게임물에 관한 법률을 적용받는 DVD방, 비디오방, 소극장 등을 포함한 비디오물 시청 제공업체의 수가 문화관광부 콘텐츠 진흥과2005.12.31일자의 자료에 의하면 현재 노래연습장 업체의 약 8%에 못 미치는 숫자이지만, 복합형 형태의 노래연습장, PC방, 카페에 샵인샵shop in shop의 부수적 아이템으로 접목되어 DVD방과 관련한 시장은 점점 커져가고 있는 추세이다.

DVD방 사업의 최적기는 도입기인 현재라는 의견이 많다. DVD방 시장이 폭넓게 확산되고 있으며 높은 영화 열기로 영상과 음질이 좋은 영화 감상실에 관심이 높아지는 문화적 분위기가 동반된 DVD방 사업은 전망이 밝게 평가되고 있으며, 기존의 비디오방의 폐쇄적이고 낙후된 시설 등이 DVD 영화관으로 변화하는 시점이 현재 시장의 상황이다.

●● 타이틀 진열장과 대기실을 복합한 공간으로 이루어진 DVD방

기존 비디오방의 도태와 더불어 주5일 근무제 도입에 따라 여가 시간이 증대되고 있으며 연인이나 친구와 함께 조용히 영화 감상을 즐기려는 성향이 강해지고 있다. 뿐만 아니라 개봉관의 영화가 DVD 타이틀로 출시되는 시간도 점차 빨라지고 있는 추세여서 신 프로를 찾는 소비자를 더욱 만족시킬 수 있다는 점들이 영화 매니아들의 대작 영화를 다시 볼 수 있는 장소로 각광 받고 있다.

주로 시내와 가까운 곳일수록 이러한 기존의 비디오 감상실에서 한 단계 업그레이드된 형태의 영화 감상실로서, 기존 비디오 감상실의 TV와 비디오를 벗어나 각 룸에 빔 프로젝터와 100인치 이상의 스크린을 설치하고 홈씨어터를 통해 생동감 있는 영화 감상을 할 수 있는 곳이다.

중앙카운터에 DVD 플레이어를 설치하여 중앙에서 컨트롤할 수 있으며 감상료 또는 입장료는 비디오 감상실보다 3,000~5,000원 정도 비싼 DVD방의 1회 평균 이용 비용은 11,000원으로 형성되어 있다.

| 창업 포인트 |

DVD방은 비디오방의 수준을 넘어서야 한다. 현실적으로 음향적인 기술이 없다면 비디오방의 수준과 같거나 미약한 차이만 날 뿐 근본적인 차별화가 될 수 없는 것이다. 또한 전문화된 음향 설계기술로 완벽한 음향 공간을 만들어 DVD방의 특성을 완벽하게 살린 고품질 사운드를 연출해내야 한 번 찾은 고객이 주기적으로 다시 찾을 수 있는 것이다. 따라서 DVD방 설치에 대한 업체 선정은 충분한 시공 능력이 검증되어 있는 업체를 검토한 후 창업에 임하여야 한다.

DVD방은 DVD의 특성을 완벽하게 구사하여, 완벽한 공간 음향

설계, 최신 영상 기술을 구현하여 DVD방의 특성을 살려야 타 업소와의 차별화된 높은 서비스를 제공할 수 있다.

중요한 부분이 적정한 입지 선정에 있어 DVD방은 지하를 제외한 모든 층에서 가능하지만, 노래연습장과 복합형으로 창업하려면 2층이나 3층이 적합하다.

만일 5층 이상은 피해야겠지만 A급 상권일 경우에는 5층이라도 엘리베이터가 있는 건물이면 사업 타당성은 있다고 볼 수 있다. 노래연습장을 겸한 복합형은 최소 80평 이상의 규모를 갖추어야 하며, 주요 고객층에 따라 DVD방을 넓혀가는 것이 좋다. 룸당 3.5평에서 4평 정도를 고려하여 DVD방을 추가 운영할 경우에는 실 평수를 20~50평 정도가 적합하다.

층의 높이는 최소 2.5m 이상이 되어야 한다. 인가 업종으로서 점포에서 직선거리로 반경 200m 이내 학원시설, 교육시설초등학교·중학교·고등학교이 없어야 되며 유치원은 상관없다. 상권은 20~30대의 소비 세대들이 많이 모이는 상권에 적합하며 대학가나 유흥업소 등 상권 밀집지역이 타당하다.

| 창업 비용 |

중소 도시의 프랜차이즈 가맹점 경우에 추가되는 투자비는 30평일 경우 최소 투자금액은 임차보증금과 권리금을 제외하여 약 7,000만 원 정도가 필요하다.

실내 인테리어와 간판 비용을 평당 100만 원 정도로 책정하면 모두 3,000만 원 정도가 내·외부 인테리어 비용으로 소요된다. 그리고 영상 장비 및 음향시스템을 고급사양으로 구입하면 2,400만 원 정도가 들어가며 초도상품 DVD 타이틀 구입 비용으로 300만 원,

소파 및 냉 · 난방시스템의 구축 비용으로 750만 원 정도가 들어간다. 기타 개업 사은품 및 광고 비용으로 600만 원 정도를 책정하여 총 투자 비용으로 약 7,000만 원을 예상할 수 있다. 만일 가맹점일 경우에는 본사 교육비와 가맹 계약금이 추가로 들어간다.

월 평균 매출액이 1,000만 원인 경우 예상수익은 약 700만 원 정도의 수익을 기대할 수 있다.

♬ 창업 비용

분 류	항 목	단 가	규 모	합 계
시스템	프로젝터, 스크린, 브라켓(bracket)	250~300만 원	8set	24,000,000원
	초도상품(DVD 타이틀)	1장당 15,000원	200장	3,000,000원
	인테리어 및 간판 사인물	1,000,000원	30평	30,000,000원
시설/기타	쇼파	250,000원	10set	2,500,000원
	냉 · 난방 시스템		30평	5,000,000원
	오픈 기념품, 준비물		1회	3,000,000원
	이벤트/전단지		1회	3,000,000원
	일반 경비/잡비			0원
총 합				70,500,000원

(30평 규모/8개 룸 기준)

♬ 월 지출 비용

항 목	단 가	규 모	합 계	비 고
타이틀 구입	20,000원	20종	400,000원	신규프로
월 세	1,200,000원	1개월	1,200,000원	실비 입력
공 과 금	400,000원	1개월	400,000원	전기 · 통신비
인 건 비	800,000원	1명	800,000원	아르바이트(1인 기준)
램프교체비	400,000원	1개	400,000원	프로젝트 램프 교체비
총 합			3,200,000원	

(30평 규모/8개 룸 기준)

🎵 월 매출 금액(평형별 예상매출)

평 수	룸 수	관람료	평 일		주말/공휴일		매 출	평 균 회전율
			회전율	영업일수	회전율	영업일수		
30평	8개	11,000원 (평균)	3회전	22일	5회전	8일	10,560,000원	4회전
40평	10개						13,200,000원	
50평	12개						15,840,000원	

매출기준 : 룸 수X시간당 기본요금(11,000원)X회전율 4회전X30일

🎵 투자수익 분석

평 형	30평	40평	50평
월 매 출	10,560,000원	13,200,000원	15,840,000원
월 지 출	3,200,000원	4,350,000원	5,400,000원
월 수 익	7,360,000원	8,850,000원	10,440,000원

| 성공 포인트 |

DVD방 사업은 PC방 사업과 같이 21세기 첨단 유망사업으로 알려져 있으며 고소득 안정적 운영이 가능한 사업이다. 하지만 앞서 밝혔듯이 고난도의 영상/음향 기술, DVD의 특성을 제대로 파악한 기획이 선행되어야 한다.

아직까지 기존의 DVD방은 비디오방의 연장선에 있다. 안타깝게도 고가의 장비를 갖추고도 영상과 음향, 실내 환경이 비디오방의 수준을 넘어서지 못하고 있다. 이는 주 수요자인 영상 세대의 만족감을 충족시키는데 역부족이다. 호기심을 갖고 방문한 고객이 실망하고 돌아선다면 경쟁력은 없다고 보아야 한다. 따라서 한 번 방문한 고객의 마음을 사로잡을 수 있어야 한다. DVD방이 극장보다 한 수 위의 높은 고품격 서비스와 음향/영상 기술을 제공한다면 국내보다 3~4년 앞선 선진국의 사례에서 보듯이 새로운 영상문화를 만들어내고 엄청난 수요를 창출할 수 있는 가능성을 가지고 있다.

DVD방의 성공적인 운영 전략으로 가장 중요한 부분이 있다면 전

문업체를 선정하거나 전문가들의 도움을 받아서 완벽한 음향 공간을 만들어 DVD의 특성을 완벽하게 살린 고품질 영상과 사운드를 연출하는 것이 DVD방 성공 창업의 기본이다. 그 다음으로 창업주의 성공적인 운영 전략이 뒤따라야 한다.

▣ 시대적인 흐름에 맞춰 노래연습장과 PC방과의 접목 등을 통해 새롭게 변신한다

호황기에는 전문화 업종이 탄력을 받지만 불황에는 복합형 점포가 유리하다. 그래서 요즘 한 업소에서 두 개 이상 업종을 취급하는 점포 복합화 바람이 거세다. 수익 원천을 다각화할 수 있고 2개 이상 수익원이 서로 매출 상승효과를 낼 수도 있다. 평당 매출과 시간당 매출을 최대한 높이려고 복합화하는 사례가 많고 최근 복합화 유형도 갈수록 다양해지고 있다. 노래연습장이 카페형의 인테리어 변신과 DDR 댄스기 등 오락의 입체화를 통해 새로운 활로를 찾고 있는 것과 맥락을 같이 한다. 안락한 휴식 공간의 분위기를 내기 위해 편안한 소파는 물론 무료 음료자판기까지 갖춘 곳이 있는가 하면 어떤 업소는 확 트인 공간에 수족관을 몇 군데 배치해 마치 칸막이처럼 활용한 곳도 있다.

▣ 철저한 고객층별 운영 전략을 마련한다

특화형 노래연습장, 복합형 디지털 PC방, 카페형 노래연습장 등에서 볼 수 있듯 이른바 복합형 노래연습장이라고 할 수 있는 새로운 업태들은 고객 타깃이 명확하다는 것이 특징이다. 특화된 노래연습장들은 타깃 고객을 여성전용, 남성전용 등으로 나누기도 하고 입지와 유동인구에 따라 사업의 색깔을 다르게 표현하기도 한다. 청소년들의 전유물로 여겨지던 PC방 사업이 카페와 디지털 출력 서비스 등 성인들의 비즈니스 공간으로 전혀 새로운 모습으로 탄생하여 호황을 누리는 것도 이런 트렌드를 반영하는 것이다. 복합형 노래연습장은 고객층을 확대하는 측면이 강하여 대중을 타깃으로 하되 청소년실과 성인실 공간의 인테리어와 소품을 차별화하는 아이템으로 독서 카페와 혹은 인터넷 PC, 커피숍 복합형을 꼽을 수 있다.

복합형 DVD방은 기존 DVD방보다 창업 비용이 훨씬 많이 든다. 하지만 그만큼 경쟁력 향상과 고소득이 예상되기도 한다.

최신 타이틀 구입비와 매출은 비례한다

이는 기존의 비디오 대여점도 마찬가지다. 이익이 적다고 해서 신작 구입비에 대한 투자를 줄인다면 고객도 줄어든다는 각오를 해야 한다. 무엇보다 DVD 최신작의 정보가 빨라야 한다. 늘 새로운 타이틀을 제공해야 고객의 발길이 끊이지 않기 때문이다. 따라서 업주는 새로 나온 DVD, 출시예정 DVD, 베스트 DVD, 인기순위 DVD 등 각종 정보를 습득하여 인기 DVD와 신작 확보를 항상 염두에 두고 운영해야 한다. 초도상품에서 인기 있는 신규 타이틀을 많이 확보하는 게 유리하다.

고객감동 밀착 서비스를 강화한다

고객감동 밀착 서비스의 초점은 점포의 입지나 환경, 시스템이 아니라 개별 고객이 원하는 서비스를 신속하게 제공하는 데 있다. 고객 밀착 점포들은 한 번의 거래가 아닌 지속적인 관계를 추구한다. 고객과의 밀착된 관계 덕분에 그들만이 아는 고객의 독특한 욕구를 충족시키는 데 능숙하다. 특히 DVD방은 고객과 업주, 직원들과의 편안한 관계 형성이 매우 중요하다. DVD방을 찾는 고객이 관람을 하든 대여를 하든 간에 휴식과 마음의 안정을 얻고자 하는 사람이기 때문이다. '영화만 본다'는 개념을 떠나 '푹 쉬고 간다'라는 고객의 인식이 강하다. DVD방을 운영하다보면 손님이 영화를 관람하다 숙면에 들거나 아니면 영화 관람보다 몇 시간 수면을 취하기 위하여 DVD방을 찾는 손님이 있게 마련이다. 이런 손님을 영화가 끝났거나 시간이 되었다고 해서 불을 켜고 나가라고 한다면 그 손님은 절대로 그 업소를 다시 찾지 않을 것이다. 물론 손님으로 가득 차 있는 경우에는 다음 손님을 위해서 부득이하게 손님을 깨워야 하는 경우도 있겠지만 그렇지 않은 경우에는 손님의 편안한 휴식을 위해서 시간을 배려하는 것이 오히려 고객 서비스를 할 수 있는 절호의 기회라 할 수 있다. 다소 불편하고 손해인 것 같지만 실행하기만 하면 고객 감동이 되고 이익이 되는 것이 바로 손님에 대한 배려이다. 친절/감동 서비스는 기본이고 사탕이나 음료 서비스를 제공하며 휴식 공간으로서의 기능을 충실하게 제공한다면 단골고객을 만들 수 있다. 이처럼 선택된 고객을 위해 특별한 서비스를 일관되게 제공하는 것이 고객 감동 서비스이며 경쟁이 치열한 시장에서 승리할 수 있는 전략이다.

◎ 매월 고정적인 홍보와 이벤트를 지속적으로 실시한나

복합형이든 특화형이든 간에 단골고객이 80%가 되어야 수익구조를 제대로 갖출 수 있다. 따라서 사업 초기와 마찬가지로 매월 고정적으로 매출의 일부분을 전단지 배포 등 홍보에 주력해야 한다. 단골고객을 확보하는 방법으로 회원제나 무료 이용권 발행 등을 고려해 볼 수 있다. 예를 들어 몇 회 이상 고정 이용객에 한해 입장료의 일부를 할인해 준다든가 혹은 시간별 무료 쿠폰을 발행하는 방법 등이 있다.

| 경영 사례 |

📀 DVD방 문화를 부산, 경남지역에서 찾아야 한다

국내는 DVD방이 2000년 후반부터 미디어를 통해 국내에 소개되었으며 2001년 초부터 활성화되어 부산, 경남지역을 중심으로 전국적인 사업화가 시작되었다. 대부분 DVD방 사업이 서울을 중심으로 태동한 것으로 알고 있지만 사실은 부산, 경남지역이 발원지이다. 과거 비디오방, 노래연습장 사업이 모두 부산지역에서 시작하여 서울, 경기지역으로 급속히 확산되었던 것과 같이 DVD방도 마찬가지로 부산, 경남을 중심으로 발달하여 서울지역에서 사업적 근거를 두는 형식으로 정보 전달이 이루어지고 있다.

대부분의 예비 창업자들이 서울지역을 문화의 중심으로 인식하고 DVD방의 동향을 서울에서 모색해서 창업해야 한다는 잘못된 편견이 성공 창업의 걸림돌로 작용하고 있다. 실제로 서울에서 유행하는 DVD방을 지방에 그대로 도입하여 지방에서 고전하는 경우가 많이 있다. 시역에 따라 DVD방 문화의 차이가 있는데 그 척도를 잘못 알았기 때문이다.

오히려 DVD방은 부산, 경남지역의 수준이 가장 경쟁력 있는 상태이며, 신기술 도입이나 음향적인 문제에 신속히 대처하여 서비스 품질 면에서 서울과는 비교할 수 없을 정도로 앞서가는 실정이다. 즉 DVD방의 수준서비스 품질, 인테리어, 음향 등은 아직까지 부산, 경남지역의 업소들이 서울에 비해 경쟁력이 있다. 따라서 창업자들은 성공 모델을 서울보다 부산, 경남지역에서 찾는 것이 현명한 선택이다. 이런 측면에 비추어 DVD방 문화는 처음부터 다시 시작할 필요가 있을 정도로 전국이 불모지나 다름없다. 각 지역마다 어느 정도 DVD방이 진출한 상황이지만 경쟁력에서 취약한 상태여서 경쟁력을 갖춘 업체가 진입하였을 경우에는 기존의 DVD방 업체는 흔들릴 수밖에 없다. 결국 고품질 서비스를 제공하는 신규업소 위주로 판도가 바뀌게 되는 것이다.

🔲 성공과 실패 사례에서 성공의 확률을 높인다

비슷한 자본을 투입하고, 비슷한 기간 동안 공사를 하며, 비슷한 방식으로 영업을 해도 성공하는 업주가 있는가 하면 실패하는 업주가 있다.

일반적으로 창업 성공 모델을 자신의 경우와 결부시키고자 하는 경향이 있는데 이는 막연한 기대감에 지나지 않는다. 좋은 결과를 얻기 위해서는 성공 사례는 물론 실패한 사례를 면밀히 검토해 보는 것이 중요할 것이다.

- 성공 사례 : DVD방이나 PC방, 노래연습장처럼 시설형 사업의 경우에는 성공의 가장 중요한 요소가 인테리어 부분의 환경적인 부분과 관련 기기의 선택이다. 마찬가지로 DVD방의 성공한 경우에도 DVD의 특성을 제대로 이해하고 영상·음향적인 기술을 앞세운 경우이다. 단골고객을 확보하고 입소문으로 신규 수요자를 끌어들일 수 있는 ① 고품격 영상과 기술 ②고품격 인테리어 ③ 고객감동 밀착 서비스를 제공하여 고객의 욕구를 만족시키는 것이 바로 DVD방 운영의 성공 사례이다.

- 실패 사례 : 실패한 사업자의 대부분이 창업 시 관련 업종의 정보 부족에 따른 좁은 안목과 편견에 의한 지역적 특성을 고려하지 않은 마케팅의 결과와 창업자의 전문성의 결여에 의한 운영 능력이 타 점포에 비해 경쟁력이 월등히 떨어진 경우다. 현재 각 도시별로 다수의 사업자들이 DVD방 사업을 하고 있지만 아직도 DVD 수요가 활성화되지 못하고 있다는 점에서 일부 고수익에 성공한 사업자를 제외하고는 크게 소득을 얻지 못하거나 투자 비용도 건지지 못하는 어려움을 겪고 있는 경우가 허다하다. 이러한 문제가 생기는 것이 아직 DVD의 활성

화가 이루어지지 않은 국내 시장의 실정으로 생각하기 쉽지만 DVD방이 수익을 올리지 못하는 것은 수요자의 인식이나 시장 상황이 문제가 아니라 DVD방 업소 자체의 결함에 원인이 있다.

DVD방이 갖추어야 할 조건에 미달되거나 기술, 영상, 음향적인 문제가 해결되지 않은 업소의 경우에는 고객 확보에 어려움을 겪을 수밖에 없다. 많은 사람들이 호기심을 가지고 DVD방을 방문하지만 한 번 감상을 한 후에 실망을 하거나 다시는 방문을 하지 않는 경우가 대부분이다. 이러한 현상은 단골고객의 확보를 어렵게 하고 경영난에 빠지게 한다.

이러한 악순환으로 투자비조차 건지지 못하는 경우도 생기게 된다. 이것은 DVD방 사업자 자신들의 문제이다. 일반인들 대다수가 DVD에 대한 인식이 없는 상태에서 DVD 관련 사업을 하는 만큼, DVD를 알리고 수요를 창출하여야 하는데도 불구하고 아직도 선도적 기능을 해내지 못하는 것은 DVD방으로서의 조건이 갖추어져 있지 않다고 봐야 한다. 이러한 현상은 아주 심각한 상태이며 국내 사업자의 90% 이상이 이러한 어려움에 처해 있으며, 이는 사업자 자신의 문제이며 필히 해결해 나가야 한다.

새로 DVD방 사업을 시작하려는 창업자의 경우에도 기술적인 자신감이 없는 한, 무모하게 뛰어드는 것은 아주 위험하다고 할 수 있다. 반대로 말하면 영상이나 음향기술을 해결한다면 고수익으로 전환할 가능성은 충분하다. DVD의 특성을 완벽하게 구사하고 기술적인 문제가 뒷받침된다면 같은 지역에서 사업을 하는 경쟁업체와 비교해 2~5배 이상의 수익을 올릴 수 있는 것이다.

| 행정사항 |

DVD방은 다중이용시설적용 영화관람실 제공업으로 분류되어 아래의 영업 허가사항과 관련하여 인·허가 기관에 문의하여 확인한 후, 입지 선정과 인테리어 그리고 사업 개시를 한다.

📷 점포 임대 시 고려사항

각 학교초·중·고등학교 경계로부터 직선거리 200m 이내에 점포를 선정해서는 안 되며 사업장의 건물 내에 미성년자 이용 가능한 시설, 학원 시설이 없어야 한다. 그리고 건축물대장을 열람한 후 가건물 유무를 확인한다.

📷 영업 허가사항

구 분	시 설 기 준
통 로	- 다른 용도의 영업장과 완전히 구획되어야 한다. - 시청실간 통로의 너비는 1m 이상이어야 한다(시청실을 벽면 등으로 구획하는 경우에 한한다). - 통로 바닥으로부터 1m 높이의 조도가 20lux 이상이 되어야 한다.
시청실	- 시청실을 구획하는 벽면의 높이가 1.3m를 초과하는 경우에는 통로에 접한 1면에 바닥으로부터 1.3m 이상 2m 이하의 부분 중 해당 면적의 좌우대비 2분의 1 이상을 투명 유리창으로 설치하여 시청실 내부를 훤히 볼 수 있도록 하여야 한다. - 시청거리는 1.6m 이상 확보하여야 한다. 다만 이용자가 직접 컴퓨터 등 전자기기를 작동하여 시청하는 경우에는 그러하지 아니한다. - 시청실 바닥으로부터 1m 높이의 조도가 20lux 이상이 되어야 한다. 다만 빔 프로젝터를 이용하는 경우에는 그러하지 아니한다.
시청시설등	- 비디오물 재생기기는 한 장소에서 각각 시청 제공할 수 있도록 중앙집중식으로 설치하여야 한다. 다만 이용자가 직접 컴퓨터 등 전자기기를 작동하여 시청하는 경우에는 그러하지 아니한다. - 침대 또는 침대 형태로 변형된 의자나 3인용 이상의 쇼파를 비치하여서는 아니된다. - 출입구에는 '청소년출입금지' 표시판을 부착하여야 한다.

🔲 인 · 허가 기관

제 출 처	담 당 업 무	제 출 서 류
교육청 보건담당자	학교정화구역〈심의필〉확인서 발급	– 신청서 1부(관할 교육구청) – 건축물관리대장 1부(구청 지적과) – 토지이용계획원 1통(구청 민원과)
소방서	소방 · 방화시설완비증명서 발급	– 신청서 1부 – 소방시설설치내역서 – 건축물관리대장 1부
전기안전공사	전기안전필증 발급	– 전기안전점검확인서(필증)
구청(시청)	〈영업허가〉 유통관련업등록증 발행	– 등록신청서 1부(관할 구청 문화체육과) – 건축물관리대장 1부 – 임대차(임대한 경우)계약서 사본 1부 – 소방 · 방화시설완비증명서 1부 – 전기점검확인서 1부 – 영업장 시설 및 설비개요서 1부 – 내부평면도 1부 – 도장 지참 – 영업장의 등기부등본 1부
세무서	사업자등록증 발부	– 1차 필요서류 : 전세계약서 및 건물대장 – 2차 필요서류 : 관할 구청에서 지급 – 사업자등록신청서 – 사업자의 주민등록등본 – 인감도장

🔲 관련 법규의 목록

■ 음반 · 비디오물 및 게임물에 관한 법률과 관련된 시행령, 시행규칙

■ 학교보건법(대학가 제외)

■ 전기안전사업법

■ 소방법

■ 청소년보호법

06 노래연습장은 인터넷 PC 방과도 겸업이 가능하다

how to
인터넷 PC방 시장은 포화 상태라고 할 만큼 시장의 경쟁 상황이 치열하지만 아직도 많은 예비 창업자들이 PC방 창업에 도전을 하고 있다. 그만큼 아직도 PC방 사업이 다른 사업 아이템에 비해 메리트가 있기 때문이다.

●●● 인터넷 PC방은 1995년 이후 한국에서 불붙기 시작한 독창적인 사업 아이템으로 PC 산업과 게임 산업, 통신 인프라를 기반으로 한 첨단기술을 바탕으로 하는 사업이다. 초기에는 '인터넷 카페'라는 형태로 시작하다가 PC와 통신, 인터넷에 익숙한 세대의 새로운 문화적 공간으로 활용되면서부터 인터넷을 통한 전문 비즈니스 공간으로 활용되어 왔다.

이후 PC 게임이 인기를 끌고 네트워크를 이용한 고급 PC 게임이 꾸준히 소개되자 청소년 수요층의 확산으로 인기를 끌게 되었고 2001년 6월말에는 PC방이 28,000개를 넘어서기도 했다.

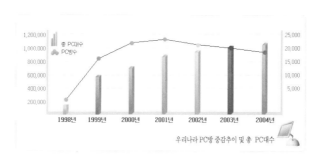

우리나라 PC방 증감추이 및 총 PC대수

♬ PC방 평균대수

구 분	업 소	폐업업소 (평균대수)	신규업소 (평균대수)	평균 대수	총 대수
2001년 말	22,548개	25.4개	48.3개	37.0개	834,276개
2002년 말	21,123개	30.6개	53.6개	43.8개	925,187개
2003년 말	20,846개	43.0개	55.2개	48.8개	1,017,285개
2004년 말	20,893개	44.8개	55.9개	49.9개	1,039,866개

3D 게임 '리니지2'가 사회적 이슈로 떠오르며 인기를 끌자 PC 업 그레이드를 하지 못한 PC방들은 고사양 PC와 고급스런 인테리어를 내세운 프랜차이즈 PC방의 진출로 경쟁력을 잃었고, 지난 3년간 소형업체들의 시장 도태로 점점 감소 추세에 있다. 하지만 지금의 PC방 시장은 노래연습장처럼 소형 점포들이 경쟁력에 밀려 도태되는 시점이지 결코 유행이 지나서 사라지는 아이템이 아니다.

PC방도 노래연습장 문화처럼 이제 젊은층들의 놀이 문화로 확고히 자리잡았다.

●● 서울 영등포 도림동에 위치한 인터넷 PC방

문화라는 것은 순간 반짝하다가 사라지는 유행의 개념이 아니라 사회적으로 지속되는 현상이다. 쾌적한 인테리어와 웰빙 트렌드, 복합 엔터테인먼트 환경에 대한 투자 열기가 높아지면서 PC방은 감소하는 반면 컴퓨터 대수와 온라인 게임 이용자들은 오히려 증가 추세에 있다.

●● 부산 동아대에 위치한 인터넷 PC방

2005년 현재 복합형 고급 매장은 전체 시장의 3% 정도로서 고객의 다양한 욕구에 의해 노래와 테이크아웃 바, 디지털 서비스 등 복합 서비스를 내세운 복합 PC방의 세대 교체가 시장에서 자연스럽게 이루어지고 있다. 앞으로 2~3년 안에 대부분의 PC방은 놀이와 문화 시설을 포함한 디지털 복합 매장으로 진화하여 변해갈 것이다.

| 창업 포인트 |

창업 성공의 40~50%를 좌우할 만큼 중요한 문제가 바로 입지 선정이다. 허가 건물의 하자 점검과 건물의 상태 및 비용 등을 분석한 점포 개발과 상권에 대한 과학적인 기법의 조사와 경쟁력 분석과 같은 상권 분석으로 통하여 타당한 입지를 선정하여야 한다.

PC와 게임, 인터넷에 익숙한 초등학생부터 청년층을 주요 타깃으로 하기 때문에 입지 선정에 있어 젊은층들이 많이 왕래하거나 상주하는 곳에 입지를 선정하는 것이 유리하다. 또한 지역 상권이 잘 보호되고 점차적으로 번성할 여건을 갖추고 있는 점포도 괜찮다.

- 업종 허가를 내는데 지장이 없는 곳(학교정화구역 외)
- 건물등기부등본을 발급하여 소유권 및 가압류 등 건물 상태 파악
- 거물상의 특징 파악(간판의 위치 및 크기, 서팅 가능 여부 등)
- 출입구 전면 쪽이나 주변 인근에 유사상가 건축 가능한 대지가 없는 곳
- 경쟁 점포가 나타나더라도 입지상 유동인구의 밀도가 높은 곳
- 대규모 아파트 단지나 유동인구의 집중으로 인해 기본 시장 형성이 된 곳

PC방의 적정 매장 층 수는 노래연습장이나 DVD방처럼 2층 또는 3층이 가장 적합하며 3층 이상이면 엘리베이터 시설이 되어 있는 곳을 선택하는 것이 좋다. 지하 점포를 선택할 경우에는 스프링쿨러 시설 및 환기의 문제를 고려한 입점이 필요하고 매장 면적이 같은 평수라 하더라도 매장의 모양이나 기둥의 위치에 의해 달라지게 된다.

평균 1평당 1대의 PC가 인테리어의 공간 효율성을 높일 수 있다. 인테리어는 4계절에 어울릴 수 있는 색상인 다소 밝은 파스텔 톤으

로 하여 계절에 따라 조명으로 색상을 조절할 수 있도록 인테리어를 마감하는 것이 고급스러운 이미지를 줄 뿐만 아니라 경제적인 측면에서도 효율적이다.

| 창업 비용 |

중소 도시 프랜차이즈 가맹점 경우의 투자비는 50평일 경우 최소 투자금액은 임차보증금을 제외하여 약 1억 4,000만 원 정도가 필요하다. PC와 인테리어, 주변기기 등의 시스템 비용으로 평당 약 200만 원 정도로 책정하면 모두 1억 원 정도가 소요된다. 그리고 시설비 및 기타 비용으로 의자와 책상, 간판과 냉·난방기, 이벤트 비용 등으로 약 4,000만 원 정도가 소요되어 총 투자 비용으로 1억 4,000만 원을 예상할 수 있다. 만일 가맹점일 경우에는 본사 교육비와 가맹 계약금이 추가로 들어간다.

월평균 매출액이 2,000만 원인 경우 예상 수익은 약 1,000만 원 정도의 수익을 기대할 수 있다.

♬ 창업 비용

분 류	항 목	단 가	규 모	합 계
시스템	PC	1,111,000원	50대	55,550,000원
	인테리어	990,000원	50평	49,500,000원
	주변기기, S/W, Net 공사	187,000원	50대	9,350,000원
시설/기타	의자/책상	253,000원	50대	12,650,000원
	간판(내부 사인물)	77,000원	50평	3,850,000원
	냉·난방기	110,000원	50대	5,500,000원
	오픈 준비물		1회	1,375,000원
	이벤트/전단지		1회	1,265,000원
	일반 경비/잡비	–		–
총 합				139,040,000원

(50평 규모/PC 50대 기준)

🎵 월 지출 비용

항 목	단 가	규 모	합 계	비 고
회선 비용	1,300,000원	1회선	1,300,000원	보라 파워넷
월세	2,000,000원	1개월	2,000,000원	실비 입력
전기세	12,000원	50대	600,000원	
인건비	2,000,000원	3명	2,000,000원	3인 기준
COS	14,000원	50대	700,000원	유료 서비스
식음료	40,000원	50대	2,000,000원	
기타 비용	20,000원	50대	1,000,000원	
총 합			9,600,000원	

(50평 규모/PC 50대 기준)

🎵 월 매출 금액(대수별 예상 매출)

항 목	단 가	규 모	합 계	비 고
PC 매출	1,000원	50대	18,000,000원	가동률 50%
식음료	40,000원	50대	4,000,000원	마진 100%
기타 매출	10,000원	50대	500,000원	
총 합			22,500,000원	

매출기준 : PC 50대X시간당 기본요금(1,000원)X가동률 60%(14.4시간)X30일
PC 50대X시간당 기본요금(1,000원)X가동률 50%(12시간)X30일
PC 50대X시간당 기본요금(1,000원)X가동률 40%(9.6시간)X30일

(50평 규모/PC 50대 기준)

🎵 2년 기준의 투자수익 분석

항 목	단 가	규 모	합 계	비 고
PC 처분이익	500,000원	50대	25,000,000원	
시설처분이익	100,000원	50대	5,000,000원	
월 순이익	12,900,000원	24대	309,600,000원	
이자(기회) 비용	-13,904,000원	2년	-13,904,000원	창업 비용×5%
2년 후 총수익			325,696,000원	

(50평 규모/PC 50대 기준)

| 성공 포인트 |

PC방의 주고객층은 가정과 PC방을 오가며 게임을 즐기는 경향이 있으며 PC 게임의 특성상 한 번 고객이 되면 주기적인 방문을 하게

된다. 따라서 개점 초기에 차별화된 전략으로서 고객을 감동시킬 수만 있으면 특별한 시장 변동이 없는 한 단골고객이 된다. 뿐만 아니라 24시간 영업을 할 수 있어 단골고객의 확보가 다른 어떤 업종에 비해 매우 용이하다.

PC방 사업은 되도록이면 고객들에게 다양한 서비스 상품을 한 장소에서 제공할 수 있는 원-스톱one-stop 복합형 매장을 도입하는 것이 시장 경쟁에서 유리하다. 예를 들어 다과나 음료 등을 제공하고 CD, DVD 대여 등을 할 수 있고, 사진 인화 서비스와 노래연습장 서비스 등 다른 신종 수익 모델을 개발하여 운영하게 되면 고객 서비스뿐만 아니라 수익의 다변화를 도모할 수 있다.

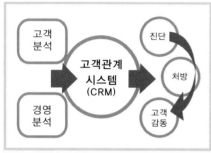

●● 고객 관리 프로세스

PC방 경영에서 가장 중요한 것은 고객이 직접 피부로 느끼는 현장에서 고객의 마음을 사로잡을 수 있어야 한다.

대부분의 업주들이 간과하고 있는 것 중 하나가 PC방 사업을 PC를 대여하는 시설형 대여업으로 알고 있다는 점이다. 잘못 알고 있는 것이다.

업종이 PC방이고 업태는 서비스업이다. 서비스업이라면 당연히 고객에 대한 태도와 응대하는 방법이 달라야 한다. '손님은 왕', '고객 지상주의', '고객 감동', '고객 행복'을 넘어 이제는 '고가 서비스'로 고객이 까무러칠 수 있을 정도의 서비스와 경영 마인드를 갖추고 사업에 임해야 한다. 이것이 바로 서비스의 궁극적인 목표이다.

시스템 기기를 활용해서 사업을 하는 업종치고 시스템 기기가 좋지 않으면 타 업소에 비해 경쟁력에 밀리고 제값 받기가 힘들게 된다. 또한 이러한 시스템 기기의 활용이나 조작, 운영에 관해서 업주나 직원이 고객보다도 미숙하다면 그 업소는 성공적인 미래를 보장할 수 없다. 이렇듯 첨단 기기의 도입도 중요하지만 조작에 대해서 업주와 직원은 충분한 교육과 노력으로 능숙해야만 한다. PC에 대한 조작과 운영의 기본을 먼저 갖추고 고객을 위한 서비스와 마케팅 전략을 병행해야 한다.

PC 이용료에 가격파괴로 간다

시장의 경쟁이 치열해지면 당연히 가격의 경쟁으로 이어지게 마련이다. PC방 사업의 초기에는 1시간당 1,500원 했던 이용료가 현재는 경쟁에 돌입하면서 1시간에 600원까지 이용료를 인하하는 등 출혈 경쟁을 불러일으키며 서로 경쟁하고 있다. 가격경쟁에 앞서는 업체는 대부분 점포와 시설, 경영과 서비스 측면에서 경쟁력이 뒤떨어지는 업체로서 시장에서 도태되기에 앞서 마지막 수단으로 '가격파괴'라는 전략을 사용하게 된다. 그러나 이는 원상회복이 힘든 최악의 전략이다. 가격을 인하한 PC방이 다시 시설을 좋게 하여 이용료를 올리려고 해도 이미 사용자 인식과 주변 PC방의 요금 방침이 결정되어 있어 가격을 되돌리기에는 역부족 상태가 된다. 그렇다면 이런 문제를 해결할 수 있는 방안은 없을까? 방법은 단합뿐이다. 지역 PC방의 경우는 다 함께 회의를 거쳐 시간당 요금을 결정, PC방 간의 요금 안정화를 추구해야 한다. 일반적으로 생각하기에 500원을 받아 1,000원 받는 것보다 2배만 더 잘되면 될거라 생각하지만 500원 받는 PC방의 이미지는 고객들에게 상당한 마이너스로 작용하게 된다. 가격 정책에 있어서 경쟁이 되는 다른 업체에서 가격을 내린다면 일시적으로 타 업체로 손님이 몰리게 되는 건 당연하지만 그렇다고 함께 가격을 내리는 것은 피해야 한다.

오히려 500원 이상의 가치를 주는 서비스를 개발해야 한다. 친절한 미소와 청결한 PC방, 고객 행동의 하나하나에도 세심한 배려를 쏟는 정책으로 타 업소와 분명한 구분을 주게 되면 고객은 500원보다 서비스의 질적인 가치에 더 무게를 둘 것이다.

🖾 PC방 컴퓨터 사양은 최신 기종으로 갖춘다

최신 게임들은 거의 3D를 기본적으로 지원한다. 초기 창업 비용을 줄이기 위하여 사양을 낮춘 PC방은 게임을 즐기러온 이용자들에게 3D게임을 할 수 없는 시스템 사양으로 인해 3D게임은 포기해야 한다. 그러므로 되도록이면 최신 기종으로 선택한다.

🖾 PC방 아르바이트 관리도 중요하다

24시간 업주가 혼자서 PC방을 관리한다는 것은 불가능하다. 그렇기 때문에 아르바이트 및 직원을 채용할 경우에는 특별한 교육과 관리가 필요하다. 교육과 관리가 제대로 이루어지는 곳에는 컴퓨터 바탕화면에 아이콘이 10~20개 이내인 반면에 관리와 교육이 제대로 이루어지지 않는 곳에는 바탕화면에 아이콘이 30개 이상이 되어 컴퓨터 초기 부팅 시간도 오래 걸리고 혼잡스럽기 때문에 손님들은 매우 짜증스러울 수밖에 없다. 만약 아르바이트 직원이 카운터나 PC 시스템 등을 돌보지 않는다면 이는 바로 매출과 직결된다.

아르바이트 직원 관리가 잘 되는 곳의 업소는 항상 환경이 청결하지만 관리가 잘 되지 않는 곳의 업소 환경은 새벽이면 아르바이트 직원이 졸고 있거나 오히려 청소가 제대로 되어 있지 않아서 키보드와 모니터를 손님이 직접 닦거나 화장실의 물이 계속 흘러내리는 등을 대수롭지 않게 생각하는 업소는 불을 보듯 사업 실패로 이어지는 뻔한 결과를 초래하게 된다.

◎ 업주도 게임이나 컴퓨터의 관리 능력을 갖추어야 한다

컴퓨터에 대해서 모르는 컴맹이라도 3개월만 컴퓨터와 씨름 해보면 바탕화면을 정리하거나 소프트웨어의 간단한 설치는 가능하다. 직원에게 모든 걸 위임하면 1년을 해도 컴퓨터 컴맹을 벗어날 수 없다. 전문가 수준을 요구하는 것이 아니기 때문에 PC방 사업을 하는데 지장은 없을 정도로 PC에 대해서 조금씩 관심을 가지고 공부하는 것이 중요하다. 만일 간단한 PC 고장이 있는 경우에는 A/S 업체와 연계해서 해결하는 방법을 취하는 것도 하나의 방법이다.

◎ 최신 정보의 수집 능력에 빨라야 한다

최신 유행하는 게임에 대해서 물어오는 이용자의 질문에 머리만 갸우뚱거린다면 고객은 어떻게 생각하겠는가? 정보와 유행에 따라 정보에 민감하도록 항상 눈과 귀를 열어 놓는 자세가 필요하다.

◎ 외상 장부가 고객 이탈의 원인 제공이 된다

사업에 실패한 대부분의 업소는 외상 장부가 거의 있다. 외상은 고객 이탈의 원인 제공이 된다. 외상을 요구하면 차라리 그 시간 PC 요금을 서비스하는 방법을 취하는 것이 낫다.

◎ 업소 내부를 작은 변화라도 주도록 한다

언제나 똑같은 옷을 입고 오는 사람, 한 번씩 새로운 옷을 갈아입고 오는 사람 중에서 어떤 사람이 보기 좋은지는 말하지 않아도 후자일 것이다. 마찬가지로 업소도 늘 그대로의 모습보다는 한 번씩 액자나 화분, POP 위치에 작은 변화를 주어 이용자들에게 신선함을 줄 수 있도록 한다.

| 행정사항 |

PC방은 멀티미디어의 문화 컨텐츠 설비 제공업으로 자유 업종에 해당하며 세무서에 사업자등록만으로 운영이 가능하다. 다만 PC방을 운영하기 위해서는 다중이용시설적용업법에 관련한 인·허가 절차를 밟고 점포 선정과 인테리어 그리고 사업을 운영하여야 한다.

🏠 점포 임대 시 고려사항

현행법상 초·중·고등학교 근처에 PC방이 생길 경우 경계_{담장}로부터 일정 거리 이상을 벗어나야 영업을 할 수 있다. 통상적으로 절대정화구역과 상대정화구역으로 구분을 하며 개념은 다음과 같다.

- 절대정화구역 : 초·중·고등학교 정문으로부터 50m 이내 PC방 영업이 거의 불가능하다.
- 상대정화구역 : 초·중·고등학교 경계로부터 50~200m 단, 200m 이내라도 관할 교육청의 심의를 거쳐 학습과 보건위생에 지장이 없다고 인정된 경우에만 영업이 가능하다.

🏠 PC방 등록/운영 관련

- 사업자등록증의 신청은 가까운 관할 세무서에 일반 과세자로 신청하면 된다. 이때 신청서류로는 임대차계약서 사본, 도장, 신분증, 양식 내용을 기재한다.
- 사업자등록증을 발부받기 위해서는 소방필증, 점포 관련 내용 등 공사 기간 중에 점검하여야 할 내용들이 있다.
- 안내문 게시를 해야 하는데 인터넷 PC방에서는 출입자가 보기 쉬운 곳에 다음의 내용을 포함하는 가로 50cm, 세로 50cm 이상 크기의 안내문을 게시하여야 한다.

> 청소년 출입여부 및 출입 가능시간, 음란물의 이용 및 제공 금지, 도박 및 사행 행위의 금지, 경품 및 취급 기준의 준수

📷 영업 허가사항

DVD방을 창업하는 경우와 거의 동일하다. 다만, DVD방 사업의 영업등록제와 달리 관할 구청에 서류접수만으로 멀티미디어 문화컨텐츠 제공업으로 영업허가를 득하는 영업신고제 방식의 절차만 다르다.

📷 인 · 허가 기관

제 출 처	담 당 업 무	제 출 서 류
교육청 보건담당자	학교정화구역〈심의필〉확인서 발급	– 신청서 1부(관할 교육구청) – 건축물관리대장 1부(구청 지적과) – 토지이용계획원 1통(구청 민원과)
소방서	소방 · 방화시설완비증명서 발급	– 신청서 1부 – 소방시설설치내역서 – 건축물관리대장 1부
전기안전공사	전기안전필증 발급	– 전기안전점검확인서(필증)
구청(시청)	〈영업허가〉 유통관련업등록증 발행	– 등록신청서 1부(관할 구청 문화체육과) – 건축물관리대장 1부 – 임대차(임대한 경우)계약서 사본 1부 – 소방 · 방화시설완비증명서 1부 – 전기필증확인서 1부 – 영업장 시설 및 설비개요서 1부 – 내부평면도 1부 – 도장 지참 – 영업장의 등기부등본 1부
세무서	사업자등록증 발부	– 1차 필요서류 : 전세계약서 및 건물대장 – 2차 필요서류 : 관할 구청에서 지급 – 사업자등록신청서 – 사업자의 주민등록등본 – 인감도장

📷 관련 법규의 목록

- 음반 · 비디오물 및 게임물에 관한 법률과 관련된 시행령, 시행규칙
- 학교보건법(대학가 제외)
- 전기안전사업법
- 소방법
- 청소년보호법

07 노래연습장이 멀티형 복합놀이 공간으로 바뀌어 가고 있다

how to

기존의 노래연습장에 컴퓨터 정보기술(인터넷)과 영상기술로 업그레이드시키고 PC방과 테마형 카페를 복합시킨 노래연습장은 점차 고객의 다양한 욕구를 파악하여 웰빙에 접목하여 새로운 문화 공간으로 이끌어 가고 있다.

●●● 최근 노래연습장의 변화를 보면 매장 규모는 커지고, 인테리어 수준은 고급카페 수준으로 높아졌다. 최신 반주기와 첨단 음향시설, 42인치 PDP와 21인치 웹 화면을 주 모니터로 사용하고 있다. 노래검색도 10Mbps 초고속 전용선을 이용해 노래책을 뒤지는 불편함을 없앴다. 이때 가장 큰 특징은 인터넷이란 하나의 매개체를 통해 젊은 인터넷 세대들이 즐겨하는 화상 채팅, 온라인 오디션, 인터넷 방송, 게임 등의 이용이 가능한 것이다. 화상 카메라를 통해 다른 노래연습장 이용자나 네티즌들에게 자신의 노래 부르는 모습을 보여주며 화상 채팅을 즐길 수 있다.

노래연습장의 이용자는 즉석 노래 대결이나 신청곡 접수 등 각종 이벤트를 통해 온&오프라인의 여러 이용자들과 실시간 커뮤니케이션을 할 수 있다. 또한 노래연습장 이용 후에는 나만의 뮤직비디오를 즐길 수 있다. 이용자들은 영화 특수 효과에 사용되는 블루 스크린을 배경으로 화면 합성을 통한 '나만의 뮤직비디오'를 CD에 담아 노래연습장의 홈페이지에 게재한다. 뮤직비디오가 네티즌들에게 좋은 평가를 받으면 뜻하지 않은 온라인 스타가 될 수도 있다.

이외에 청소년방, DVD방, PC방, 대형 회식방, 이벤트방 등 다양한 객실 구성과 타악기와 전자 드럼, 기이한 마스크와 가발류, 의상 등을 비치해둔 것도 차별화된 특징이다.

이렇듯 새로운 개념의 멀티형 복합놀이 공간으로 변화하면서 영업시간을 늦은 오후에서 오전으로 앞당기게 되어 매출 증대에 큰 효과를 거두고 있다.

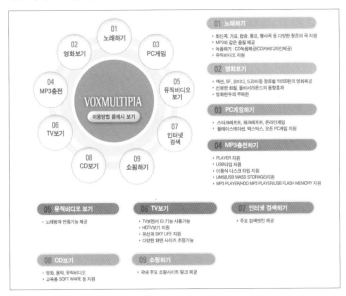

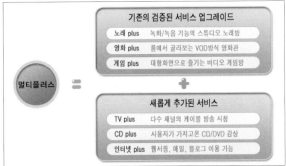

●● 멀티형 복합놀이 공간으로서의 사업 개요 예시

08 창업 성공에는 7가지 핵심 요소가 있다

how to

창업 시장의 환경에서는 트렌드를 읽는 사고력, 지속적인 정보 습득의 자세, 창업자의 잠재성 개발, 손익분기점의 단기화 전략, 전문 경영 마케팅 프로그램의 활용, 고객에 대한 새로운 가치관, 매뉴얼 작성 등의 핵심 요소가 있어야 한다.

●●● 과거처럼 노래연습장이 폭발적 인기를 누리던 때와는 달리 급격히 늘어난 업소들로 인하여 정상적인 경기 속에서도 대부분의 노래연습장은 수입 감소로 고전을 하고 있다. 이런 상황 속에서도 시설만 해놓으면 별다른 기술 없이 누구나 운영할 수 있다는 생각으로 지금도 많은 예비 창업자들이 노래연습장업을 선호하고 있어 노래연습장 관련 사업의 경쟁은 점점 치열해지고 있다.

그렇다면 지금과 같은 창업 시장의 환경에서 살아남기 위해서는 다음의 7가지 핵심 요소를 알아야 한다.

| 트렌드를 읽는 사고력이 필요하다 |

예비 창업자나 이미 경영하고 있는 업주들은 대부분 시장의 흐름이 일정 기간 진행된 후 나타나는 반짝 유행 업종에 관심을 나타내고 그 업종으로 창업을 서두르거나 전업하는 사례가 많다. 그러나 그것은 유행 업종의 꼭지에 해당되는 경우가 많이 있어 투자에 비해 손실을 보는 경우가 많이 있다. 창업자 자신이 선택한 업종이 유행 업종인지 유망 업종인지에 따라 투자와 마케팅 전략을 달리하는 시장 흐름을 내다보는 식견을 갖추어야 한다.

| 지속적인 정보의 습득이 필요하다 |

지금의 창업 시장은 인터넷 등의 발달로 시간과 공간을 초월하여 그 부침이 심하다. 일본의 욘사마 한류에서 출발하여 대만, 홍콩, 중국 등으로 한류의 바람이 불고 있으며, 그에 따른 경제적 부가가치도 점차 확장되고 있다. 즉 정보의 영향이다. 창업자들은 시장 정보를 얻기 위한 적극적 자세와 이의 활용성에 대하여 많은 투자와 시간을 아끼지 말아야 한다.

| 창업자의 잠재성을 개발한다 |

예전의 창업 환경은 창업자의 잠재성이 전혀 무시된 것이 사실이다. 수요보다는 공급이 부족한 시기는 시장의 현실 수요만 충족해주면 사업의 성공이 가능했기 때문이다. 그러나 지금은 경제 전반의 생산성이 향상되면서, 공급 과잉 현상으로 시장의 수요에 비해 공급이 넘쳐나고 있는 실정이다. 따라서 남다른 경쟁력을 확보하기 위해서는 보다 한 차원 높은 품질의 상품 개발과 서비스가 필요하며, 그 품질은 당연히 창업자 자신의 능력과 잠재성 계발이 기인하는바 크므로 창업자의 잠재성 계발이 매우 큰 경쟁력으로 부각되고 있다.

| 손익분기점을 최대한 단기화하는 전략을 세운다 |

시장의 변화가 급하고 예상치 않은 자금 소요가 빈번하게 발생되는 상황에서 손익분기점이 단기화되지 않는 경우, 인적 자산 가치의 하락과 불확실한 시간의 위험도 증가 등으로 사업 목표의 상실, 자신감 결여 등의 실패가 예상되며 손실의 폭은 점점 커지게 된다. 따라서 창업자는 처음부터 무리한 투자를 하여 손익분기점의 기점을 장기화하기보다는 소자본을 투입하여 손익분기점을 단기화하는 전략으로 재무적으로 안정적 기반을 갖추어야 한다.

| 전문 경영 마케팅 프로그램을 활용한다 |

자신이 가장 잘 알고 있다고 하지만 업주 본인은 항상 순간적 매출액에 전념하기 때문에 전체를 보는 눈이 다기능화되지 못한다. 결국 그러한 착시 현상은 시장의 흐름을 꽤 뚫지 못하고 큰 우를 범할 수 있다. 자신의 사업체를 정확히 진단할 수 있는 ERPEnterprise Resource Planning, 전사적 자원 관리, CRM Customer Relationship Management, 고객 관계 관리 시스템 등의 전문 기능, 치유 기능의 전문 프로그램을 활용하여 경영에 활용하는 것 또한 중요한 일이다.

| 고객에 대한 새로운 가치관을 갖는나 |

고객은 불특정 다수자로서 불특정한 매출을 해주는 불특정한 세력으로서 보던 관점이 지금은 정반대의 개념으로 인식되고 있다. 특정한 다수자로서 특정한 매출을 해주는 특정한 세력이다. 이제 안정화된 특정고객, 즉 단골고객을 확보하는 전략이 없으면 어떠한 창업도 성공을 기대할 수 없다.

| 나만의 매뉴얼을 작성한다 |

지금까지의 모든 요건을 면밀히 분석해서 모든 상황을 빈틈없이 준비하여 어떠한 위기상황이 직면하더라도 즉각 대처할 수 있는 매뉴얼이 있어야만 미래의 성공을 기대할 수 있다.

music shop

2

멀티형 노래연습장의 창업 전략은 이렇게 한다

사업 계획의 수립에서부터 자금의 조달, 점포 계약, 시스템 공사, 장비 구입, 간판 및 인테리어 공사까지 마무리 짓게 되면 드디어 개업을 눈앞에 두게 되는 준비 과정까지 최소한의 시일로 보다 과학적인 접근 방법을 안내해주고 있다.

09 프랜차이즈 가맹점 선택도 성공 창업의 대안이다

how to

프랜차이즈 가맹점들은 차별화된 시설, 사후 관리 등을 장담하면서 홍보에 열을 올리고 있지만 실질적으로 사후 관리, 영업 지원 등 완벽한 체인 관리를 하고 있는 곳은 그리 많지 않으므로 각별한 주의가 필요하다.

●●● 노래연습장을 희망하는 예비 창업자가 준비하는데 있어서 중요한 부분 중의 하나가 프랜차이즈 가맹점 창업을 할 것인지 독립 점포로 창업할 것인지를 결정하는 일이다. 이런 결정을 내리기가 쉽지 않은 것은 창업 비용과 향후 점포 운영에 관한 영향력 때문이다. 이러한 창업 과정에서의 중대한 결정은 창업 구상에서 점포 계약 사이에 일어나는 부분으로 창업자는 프랜차이즈 가맹점과 독립 점포의 창업을 동시에 저울에 올려놓고 사업타당성을 검토해보아야 한다.

| 프랜차이즈 가맹점과 독립 점포, 어디가 더 나은가 |

일반적으로 프랜차이즈 가맹점을 선호하는 이유는 브랜드의 인지도, 창업과 관련된 노하우, 마케팅 지원, 체계적인 교육지원 등으로 비용이 다소 들더라도 독립 점포보다는 성공 가능성이 높고 복잡 미묘한 창업 과정을 본사에 의존할 수 있기 때문이다. 그 반면에 독립 점포의 창업은 창업 초기 단계인 입지 선정에서부터 업종 선정, 점

포 건축, 상품의 구입과 판매, 운영, 홍보 등을 스스로 창업하는 형태로 초보 창업자보다는 경험자에게 유리하다. 대신 독립 점포의 최대 장점은 창업 비용의 절감을 들 수 있다. 초보 창업자가 독립 점포로 창업하는 일이 쉽지 않지만 상당수의 창업자들이 독립 점포를 선호하는 것은 본인의 창업자금이 부족하거나 국내 프랜차이즈 본사들을 신뢰하지 못하는 경우가 많기 때문이다.

사실 사업이란 프랜차이즈 가맹점이나 독립 점포 창업할 것 없이 본인의 책임 아래에서 하는 것이다. 프랜차이즈 가맹점으로 창업할 경우는 본사에 관한 여러 가지 충분한 정보를 수집하고 분석해 보아야 하며, 독립 점포로 창업할 경우는 관련 업종의 충분한 정보를 수집하고 전문가나 선배 창업자의 도움을 받아 창업을 하는 것이 매우 중요하다고 할 수 있다.

| 프랜차이즈 가맹점이 유리하다 |

노래연습장과 같은 초기 상업 비용이 많이 투자되는 사업일수록 개인이 창업하는 독립 점포보다는 운영 경험과 노하우가 축적되어 시스템화되어 있는 프랜차이즈 가맹점이 유리하다고 볼 수 있다.

산업자원부의 2005년 프랜차이즈 산업의 실태 조사에 의하면 전국의 가맹본사는 2005년 7월말 기준으로 2,211개사에 가맹점 수는 약 284,000개이며, 종사자는 830,000명이 종사하고 있는 것으로 집계되었다. 3년 간의 경기침체 속에서도 가맹본사는 38%, 매출액은 47%, 가맹점 수는 137%의 높은 성장률을 기록하였다. 이는 표준화된 매뉴얼과 체인화를 바탕으로 하는 비즈니스의 새로운 장을 열어가는 프랜차이즈 가맹점의 창업은 21세기 급변하는 창업 시장에서 경쟁력 있는 대안으로 자리잡아가고 있다.

노래연습장 창업에 있어서도 예비 창업자가 관련 업종의 기계 설비를 제조 판매하는 업체, 인테리어 회사나 기획사를 운영한 경험 등 관련 사업 분야에 충분한 지식과 노하우를 갖추고 있다면 독립 점포 창업도 가능하지만 그렇지 못하다면 물류시스템과 유통망, 체계화된 교육시스템, 마케팅 공유, 시장 정보의 실시간 공유 등의 장점을 보유한 프랜차이즈 가맹점의 창업을 권하고 싶다.

🔲 프랜차이즈 가맹점 창업의 장점으로는 다음과 같다

- 가맹본사의 시스템과 노하우가 있는 제품이 개발되어 공급하기 때문에 가맹점의 실패 위험이 적다.
- 사업 경험이나 특별한 능력이 없어도 점포의 운영이 가능한 이유는 가맹본사에서 정해준 규정대로만 영업하면 되기 때문이다.
- 가맹본사에서 일괄적으로 영업, 광고, 판촉 등을 지원하므로 개별 활동보다 큰 효과를 거둘 수 있다.
- 점포 설비와 집기 비품 등을 가맹본사에서 일괄 구입히여 설치하기 때문에 경비 절감의 효과를 거둘 수 있다.
- 개업 초기에 예상되는 새고 부담과 세줌의 신빙성 성노를 선혀 석성할 필요가 없다.
- 다변화 시장에 대처하기 위해 가맹본사에서 지속적인 신제품을 개발하고 불황을 타개할 수 있는 대책을 강구해준다.
- 가맹점주는 본사에서 법률, 세무 회계, 영업 외의 행정 업무, 경영에 관한 지도를 가맹본사로부터 받을 수 있다.
- 단일 가맹점으로 성공하면 또 다른 가맹점을 경영할 수 있기 때문에 여러 개의 가맹점 소유가 가능하다.

🔲 프랜차이즈 가맹점 창업의 단점으로는 다음과 같다

- 가맹점을 경영할 때 스스로 문제 해결이나 경영 개선의 노력을 게을리 할 수 있다.
- 본사 규정이 마음에 안 들고 보다 좋은 아이디어가 있어도 반영되지 않는 경우가 많다.

- 지구나 지점의 특성에 맞는 광고나 영업활동이 이루어지지 않으면 가맹점이 타격을 입을 수도 있다.
- 서로 이해가 상반되는 경우 상호 독립 사업가이기 때문에 본사에서 가맹점 주의 의사를 무시한다.
- 타 가맹점이 실패할 경우 신용이나 지명도 면에서 영향을 받을 수 있다.
- 계약서 내용 그대로 업무가 추진되기 때문에 가맹점주의 특별한 요구사항에 대한 반영이 없다.
- 가맹본사가 운영 능력을 상실하거나 여러 가지 사유로 사세가 기울 때 가맹점을 저절로 폐업하는 경우가 발생한다.
- 불리한 조건의 계약은 해지할 경우 크게 손해를 보는 경우가 있으며 사기를 당하는 일이 비일비재하다.

창/업/테/크

가맹본사와 가맹점 간의 분쟁의 해결책은 이렇다

- 가맹사업거래의 공정화에 관한 법률, 유통산업발전법, 독점규제 및 공정거래에 관한 법률 등에 의해 구성된 가맹사업 분쟁조정협의회에 조정 신청을 할 수 있으며 일빙 불복 시에는 법원의 판결에 의한다. 이때 조정의 신청방법은 서면을 통해 가능하며 신청일 수 60일 이내에 조정절차가 종료된다.
- 소비자보호원(http://www.cpb.or.kr) 등의 홈페이지에 피해사례의 유형을 참고하고 피해가 없도록 한다.

최근 노래연습장 프랜차이즈들은 경쟁적으로 차별화된 시설을 앞세워 특히 예비 창업자들을 대상으로 한 마케팅에 주력하고 있다.

노래연습장 운영에 경험이 없는 예비 창업자의 경우 별다른 어려움 없이 창업할 수 있다는 점에서 한 번쯤 프랜차이즈 가맹점을 고려해 볼 만하다. 그러나 계약 시에는 독자적인 창업을 시도할 때보다 더욱 면밀한 검토가 필요하다.

그나마 다수의 가맹본사들의 영세성을 벗어나지 못하고 있기 때문에 전국적인 체인망 운영 능력에 한계가 지적되고 있다. 결국 특정 업체를 제외한 많은 수의 가맹본사들은 프랜차이즈 개념의 마케팅보다는 인테리어 시설을 판매하는 초보적 수준에 머물고 있다.

실제로 노래연습장 운영 경험이 있는 업주의 경우, 프랜차이즈 가맹점을 통해 창업하는 사례가 상대적으로 적다는 사실에 주목할 필요가 있다.

참고로 프랜차이즈 가맹점을 운영하고 있는 노래연습장 업체로는 질러존, 수 노래방, 싸이팅 노래방, 악쓰는 하마 노래방 등이 있다.

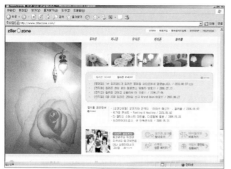

●● TJ스페이스의 질러-존(http://www.zillerzone.com)

●● (주)싸이팅미디어의 CY-TING ZONE
(http://www.cy-ting.com)

| 단계별로 가맹본사를 분석하는 기준은 이렇다 |

프랜차이즈 가맹사업자의 경우에는 가맹본사가 과연 믿을 만한지, 우수한지를 먼저 결정하여야 한다. 가맹본사의 재정 상태와 운영 상태 등을 판단하여 가맹본사에 대한 의혹이 전혀 없어야 한다.

- 브랜드가 어느 정도 경쟁력을 가지고 있는가에 대하여 검토한다.
- 인테리어 콘셉트와 시공능력, 취급하는 노래반주기나 음향기기 등 제품의 질이나 가격이 타 업체에 비해 경쟁력이 있는지를 살펴보아야 한다.
- 가맹본사는 사업을 처음하려는 예비 가맹점주들을 위하여 마케팅, 인테리어, 직원 교육, 가맹점 경영요령 등 교육을 통해 꾸준히 지원해 주어야 한다.

- 가맹본사의 주요 수입원이 가맹비, 로열티인데 인테리어나 설비, 초도상품 구입 등 마진에만 신경을 쓴다면 분명 문제가 있는 체인 사업 본사임에 틀림없다.

| 프랜차이즈 가맹계약서의 강제 명시사항은 다음과 같다 |

프랜차이즈 본사가 가맹계약서에 의무적으로 명시해야 할 사항은 유통산업발전법 시행세칙제37조 2항에 15개 항목으로 규정되어 있다.

- 계약 당사자의 표시조항(계약 당사자 및 계약 당사자와의 관계)
- 계약 전문(계약의 이념·취지·목적, 계약 해석의 기준, 적용 범위, 권리와 의무)
- 본사의 지원, 통제, 경영지도, 교육 훈련사항
- 판매 촉진 및 선전 광고(비용 부담 주체와 가맹점의 협력조항)
- 상호, 상표 등 영업표지 사용(상표 및 상호 사용에 관한 조건, 사용법, 관리, 철거사항)
- 점포 내·외장 통일사항
- 가맹점의 설비 투자, 가맹본사의 자재 공급
- 가맹비, 보증금, 수수료, 로열티, 이익 배분, 기타(징수금액의 산정방법, 금전의 성질, 징수의 시기·방법, 반환 조건, 이익 분배 내용)
- 영업시간
- 상품 공급과 조건, 대금 결제 방법
- 경리, 회계처리 등 사무 관련 사항
- 계약기간, 갱신, 종료 관련 제반 사항
- 영업 비밀 준수사항
- 기타 프랜차이즈 사업 수행에 필요한 사항(겸업 금지, 권리의 양도, 환매, 규정 준수 등에 관한 사항)
- 가맹사업자에게 불이익을 주는 부당 약관조항 개선
  - 가맹비를 돌려주지 않는 조항(가맹본사가 약정한 영업 지원이 안 되거나, 상품 또는 원재료 조달이 원활치 못하거나, 너무 고가여서 거래를 유지하기 곤란한 경우 등 가맹본사의 귀책사유 시 가맹비를 반환하도록 '가맹비

반환불가'의 약관조항 개선)

- 영업권을 양도하지 못하게 하는 조항(가맹주의 영업권 양도는 원칙적으로 허용해야 하며 예외적으로 제한하되 객관적이고 공정한 기준을 사전에 명시하도록 약관조항 개선)
- 지정한 업체에서만 인테리어 시공하는 조항(가맹본사는 점포의 이미지 통일을 위해 필요한 인테리어 사양서와 설계도의 기준만 제시하고 시공업자의 선택은 가맹주가 자유롭게 선택할 수 있게 하는 것으로 조항 개선)
- 재료는 가맹본사가 공급하는 것만 사용하도록 하는 조항(가맹본사의 상품 공급이 원활히 되지 않는 경우 등의 상황을 정해, 가맹주가 임의로 상품의 원·부재료를 다른 곳에서 조달받을 수 있도록 조항 개선)
- 반품 시 손해를 감수해야 하는 조항(상품 특성상 즉시 하자를 발견할 수 없을 때는 6개월 이내에 이를 발견하고 완제품으로 교환을 청구할 수 있도록 되어 있음(상법 제69조))
- 영업지역 독점권을 보장하지 않는 경우(일정 거리 내에서 가맹주의 영업권이 보장될 수 있도록 독점권 부여)

10 사업의 타당성 분석이 필요하다

how to
노래연습장은 창업 시장에서 포화 상태라 볼 수 있다. 그러나 포화 상태라는 것이 노래 연습장의 사업성이 떨어진다는 것을 의미하는 것은 아니다. 오히려 그만큼 시장성이 있다는 것을 의미한다.

●●● 누가 어디서 어떻게 운영하느냐에 따라 사업의 성패 여부가 결정된다. 간혹 특정 업체의 과장 광고로 하루 매출액을 과장 광고로 하는 경우를 보곤 하는데 예비 창업자들은 그 정보가 실상이라고 느끼는 환상에서 깨어나야 한다. 그렇게 고소득을 올리는 경우는 좋은 상권에서 차별화된 시설과 경쟁력을 확보한 상위 10% 이내에 해당되는 극히 소수이며 평균적으로 하루 매출을 보면 20만 원에서 30만 원 선이며, 이 또한 시설에 있어 노후화된 곳은 10만 원의 매출을 올리기 힘든 것으로 분석되었다.

그래도 노래연습장은 매출 60%가 순이익률로서 다른 사업에 비해 수익성이 매우 높은 아이템으로, 일정 손익분기점이 넘어가면 수익률은 더 높아진다.

결론적으로 노래연습장의 과도한 초기 투자 부담을 고려할 때 예비 창업자에게 권장할 만한 사업은 결코 아니다. 그렇다고 노래연습장 업종이 전망이 없다는 것은 아니다. 이미 노래연습장은 국민의 놀이 공간으로 자리잡은 상태이기 때문에 유행을 타고 단명하는 반짝 업종과는 달리 영속적인 사업이라는 대중적 지지 기반을 가지고 있는 업종이다.

최근 불황 속에서도 모든 업소가 경쟁력을 잃고 있는 상황이 아니라 경쟁력을 완전히 상실한 업소들의 증가로 인한 부작용에 기인한다는 결과에 주목할 필요가 있다. 즉 차별화된 시설 경쟁력을 갖춘 상위 30%의 업소는 흑자 경영을 하고 있고, 이 중에는 불황에서도 고수익을 올리고 있는 업소들이 다수 존재하고 있다. 예비 창업자들이 주목해야 하는 부분이 바로 이 점이다.

관련 업계의 조사 결과에 의하면 상위 30% 그룹을 형성하는 주체는 최근에 창업한 신규 업소들이라는 점이다. 즉 장사가 안 되는 노래연습장은 완전히 경쟁력을 상실한 반면 차별화된 경쟁력을 갖춘 업소는 안정적인 사업을 하고 있는 '빈익빈 부익부' 현상이 현재의 노래연습장의 시장 상황이라고 할 수 있다.

이처럼 정확한 시장조사를 토대로 적정선의 투자를 할 경우 위험 부담 없이 안정적인 영업을 할 수 있다는 점은 인정된다. 그러나 확실한 고수익을 추구하는 예비 창업자라면 노래연습장 창업은 제고해보아야 한다. 만일 직장을 더 이상 다닐 수 없으며 현재 직장생활 이상으로 잘 할 수 있다는 마음자세가 있다면, 적극 고려해 볼만한 안정적인 사업이다.

♬ **초기 투자 비용**

구 분	중급형(평당 250만 원)		고급형(평당 300만 원)	
	50평	80평	50평	80평
가맹비	1,000만 원			
시스템 및 인테리어	12,500만 원	20,000만 원	15,000만 원	24,000만 원
합 계	**13,500만 원**	**21,000만 원**	**16,000만 원**	**25,000만 원**

- 미포함 내역 : 건물의 임대 비용, 실외 간판, 철거비, 냉·난방기, 부가세 등
- 50평 : 기준 룸 수 - 8개(대형 룸 1, 중형 룸 2, 중소형 룸 5)
- 80평 : 기준 룸 수 - 14개(특실 룸 1, 대형 룸 1, 중형 룸 2, 중소형 룸 10)

♫ 사업성 분석

구 분		50평	80평	비 고
월 매출	사용료 부문	1,440만 원	2,500만 원	- 룸 수 : 8실 / 14실 - 시간당 이용료 : 평균 12,000원 - 룸당 1일 가동 횟수 : 평균 5회 - 일 매출 : 12,000원×5회전×룸 수 - 월 매출 : 일 매출×30일
	부가매출 부문	400만 원	550만 원	- 음료 등 매출 : 일 10만원(50평)/ 15만 원(80평)×30일 - 기타 부가 매출(100만 원) : CD 복사, 판매, 생일파티 대행 등
월 매출 소계		1,840만 원	3,050만 원	
월 지출	인건비	150만 원	200만 원	아르바이트, 직원(2명)
	임대료	200만 원	500만 원	건물 임대료 및 관리비
	제세공과금	250만 원	350만 원	전기세, 전용선, 전화료, 신곡 구입, 보험, 세콤(보안)
	음료, CD 원가	120만 원	200만 원	판매가의 약 30%(음료수/공 CD)
	로열티	12만 원	22만 원	룸당 16,000원을 가맹본사에 지급
월 지출 소계		732만 원	1,272만 원	
월 수익		1,108만 원	1,778만 원	

11 철저한 사업계획서는 이렇게 준비한다

how to
사업계획서는 전쟁에 임하는 작전 지도와도 같은 것이다. 이 지도가 없는 전쟁은 패전의 원인이 된다. 이처럼 작전 지도와 같이 중요한 사업계획서는 사업 목적이 무엇인지에 대한 예비 창업자의 분명한 생각이 담겨 있어야 한다.

●●● 사업성 분석을 통해 최종적으로 업종을 선정하고 나면 구체적으로 사업계획서를 작성해야 한다. 계획 사업의 개념과 세부 실행 계획을 담고 있는 사업계획서는 사업의 추진 방향과 성공 여부를 결정한다.

사업계획서는 본인이 추진하고자 하는 사업에 대한 방향성, 정부 정책 자금의 신청, 투자자의 유치 등 다양한 상황에 필요하게 된다. 이때 사업계획서는 용도와 상황에 따라 알맞게 편집되거나 새로운 사업계획서로 작성되어야 한다. 일반적으로 예비 창업자나 업주들이 전문가에게 의뢰하는 사업계획서는 정부기관이나 금융기관 등에 제출하는 중요한 서류이다.

예비 창업자가 사업계획서를 작성하는 데는 어려움이 따른다. 특히 외부기관에 제출하는 사업계획서는 추진하고자 하는 사업을 타인에게 설득해야 하는 중요한 도구인 만큼 체계적이고 준비된 사업계획서가 필요하다. 만일 사업계획서를 제대로 작성할 수 있는 사람이 없다면, 외부 전문가의 도움을 받아서 같이 작성해보는 게 훨씬 더 효율적이다.

충분한 시간을 가지고 전문가들의 자문을 거쳐 업종과 제품, 시장 현황에 대한 조사 및 분석 결과를 토대로 마케팅 계획, 운영 계획, 자금 및 수지 계획 등을 포함하여야 된다. 이 중에서도 가장 중요하게 다룰 부분이 있는데 시장에서 승리하기 위한 효과적인 마케팅 전략을 수립하는 것이다. 마케팅 목표를 설정하고 나면 제품, 가격, 유통, 홍보 등 다양한 마케팅 수단을 활용해서 경쟁 우위를 지속적으로 확보해 나가야 한다.

이러한 사업계획서는 상호명을 정확히 알리고, 사업의 비젼과 가능성을 입증하는데 중점을 둔다. 그리고 사업을 시작할 때 업주가 직접 작성하거나 전문가 그룹에 의뢰하는 사업타당성 분석형의 사업계획서는 비즈니스의 세부적 설계도를 그리는 것과 같다.

프랜차이즈 가맹점 창업의 경우에는 노래연습장 프랜차이즈의 전문회사나 창업에 관련된 정보를 제공하는 업체에 의뢰하여 작성하는 방법이 있다. 반면 독립 점포 창업의 경우는 자금, 인력, 상권, 인테리어 등을 혼자 해결해야 하므로 3개월 정도의 충분한 시간을 가지고 계획을 수립해야 한다.

일반적으로 자영업자가 실패하는 원인을 외적 요인과 내적 요인으로 구분하여 볼 때, 90% 이상이 내적 요인에 의한 실패라고 한다. 이러한 요인을 제거하기 위한 최우선 방법은 정확한 사업계획서의 입안에 있다고 할 수 있다.

| 사업계획서 작성은 예비 창업자에게 많은 도움을 준다 |

한 마디로 철저한 계획에 의한 사업의 체계화이다. 창업을 할 때 사업계획서를 만들게 되면, 그것이 장래의 사업 계획이 되는 것이다. 사업 아이디어나 아이템을 가지고 직접 사업 계획을 수립함으로써 사업을 시작할 준비를 할 수 있기 때문이다. 준비가 많이 필요한 사업일수록 사업계획서는 다음과 같은 계획 체계를 잡아줘야 한다.

- 다양한 분석을 통하여 사업의 타당성을 검증해 준다. 사업 아이디어나 아이템을 다양한 방법으로 분석하여 사업 타당성을 검증하고 실질적인 사업 조사를 한다. 이렇게 하면 사업에의 자신감도 생기고 사업의 검증으로 의욕적인 사업을 추진할 수 있게 된다.
- 사업의 방향을 제시해 준다. 사업에 착수하고 난 후 목표를 잃고 방황하게 되는 경우가 생길 수도 있다. 이럴 경우 작성했던 사업계획서를 보면 나아가야 할 방향을 명확히 알 수 있다.
- 이해 관계자에 미치는 신뢰성이다. 사업을 하게 되면 많은 이해 관계자가 생기게 된다. 즉 투자자, 투자기관, 금융기관 등 다수의 이해 관계자에게 신뢰성을 부여하고 갈등을 해소시켜주는 역할을 해주므로 투자 유치 등을 용이하게 할 수 있다.
- 미래를 예측할 수 있다. 사업계획서는 미래를 보는 거울이라고 한다. 사업타당성의 분석을 통하여 미래의 환경 변화를 예측하고 그에 따라서 전략을 세울 수 있기 때문이다. 이런 전략을 통히어 미래를 성공적으로 이끌어가고 궁극적으로 사업의 목표를 달성하게 되는 것이다.

| 사업계획서의 내용 구성은 이렇다 |

이처럼 사업계획서에는 사업을 해야만 하는 목적이 무엇인지에 대해 예비 창업자의 분명한 생각이 담겨져 있어야 한다. 또한 사업 내용을 잘 설명할 수 있는 사업 개요의 수립이 필요하고 정확한 시장 조사를 실시하여 근거 있는 수치에 의한 사업 타당성의 분석이 포함되어야 한다. 그리고 거래처나 제휴업체 관리, 고객 관리, 광고 · 홍보 등 영업 전략을 구체적으로 제시해야 한다. 무엇보다도 사업계획서의 작성에 있어서 가장 중요한 것은 수익성 예측과 자금 계획이다. 사업을 하게 되면 예측하지 못했던 부분에서 지출이 발생하는 경우가 많은데 이러한 경우를 대비하여 일정 금액의 운영 준비금을 따로 보유하고 있는 것이 좋다.

🖎 작성 방법

사업계획서는 목적과 용도에 따라 그 내용을 달리하게 된다. 예를 들어 창업자 자신이 사업에 대해 전반적으로 재검토하기 위해 사업계획서를 작성할 경우라면, 예비 창업자는 형식이나 내용에 지나치게 얽매일 필요는 없다. 그때그때 상황에 맞추어 융통성 있게 검토 항목 등을 수정하여 작성하면 된다. 그렇다고 자체 검토용 사업계획서를 소홀히 다루어도 된다는 것은 아니다. 창업 성공으로 나아가기 위한 항로 지도를 그려가는 과정이기 때문이다.

예비 창업자들 중에는 사업계획서를 복잡하고 전문적인 것으로 생각하여 작성 자체를 꺼리는 경우가 많다. 그러나 사업계획서를 한 번 작성해 보는 것은 하지 않는 것과 분명 다르다. 만약 사업계획서 작성에 부담을 느끼는 사람이라면, 73쪽에 제시된 사업계획서의 항목에 따라 자신의 생각을 메모지에 한 장씩 옮겨 적어 보는 것도 효과적이다.

🖎 사업 개요

국내 노래연습장 시장의 일반적·구체적 사항과 STP 전략S(Segmenting), T(Targeting), P(Positioning)의 약자로서 시장을 나누고, 그 중 표적시장을 설정하고 그 시장의 소비자에게 제품/브랜드를 어필하기 위한 마케팅 활동을 펼치는 것을 의미한다을 활용한 시장 세분화의 전략, 고객 타깃층 선정, 포지셔닝 전략 등 수요와 공급층 분석을 철저히 하고, 관련 업종의 시장 점유율 파악, 점포의 운영 계획 등 구체적 사항을 면밀히 분석하여 기술해야 한다.

🖎 창업자 분석

우선 자신이 창업하고자 하는 업종을 좋아하고 관련 상품과 서비스에 대한 기술 능력이 남달라야 한다.

🔲 업종 분석

성장성, 입지성, 사업성을 우선 파악한 후 창업자 개인의 특성과 비교하고 향후 성장 잠재력을 예측해 본다.

🔲 점포 구성

대략 50평 내외로 하며, 가시성과 고객 접근성이 용이한 점포가 좋으며, 전면 간판을 포함하여 밝고 산뜻한 인테리어 콘셉트로 꾸미는 것이 좋다.

🔲 판매 운영

직원 교육, 직원의 서비스 정신 고취, 정확한 전문지식의 제공 및 습득, 고객 최우선의 서비스 전략 수립 등을 도입한다.

🔲 비용 계획

점포 구입 및 내·외장 공사, 집기시설, 음향장비 및 상품구입비, 초기 창업 비용 등을 산정한다.

🔲 추정 수익률 분석

창업 초기와 1년 후의 예상 매출액을 산출해 보고 고정비와 변동비를 공제한 순이익을 계산해 본다. 노래연습장의 경우 순이익율이 40~50% 정도이면 성공이라 볼 수 있다.

🔲 개업자금의 조달 계획

운전자금은 얼마나 필요한지를 정확히 예측할 수 있는 자금 계획이 세워져야 한다. 현재 자신이 보유하고 있는 재산은 얼마나 되며 당장 사업에 투자할 수 있는 현금은 얼마 정도가 되며, 부족한 자금을 조달할 수 있는 방법에는 금융권 차입금과 투자자 모집 등이 있다.

다음에 예시된 사업계획서는 대성공(가명)씨가 창업하기 위해 작성한 사업계획서의 주요 부분을 일부 발췌한 것이다.

사업계획서

대표자 : 대성공

I. 업체 현황

1. 업체 개요(설립 예정)

업 체 명	다인 노래연습장		
대 표 자 명	대 성 공	주민등록번호	-
자택전화번호	.	휴 대 폰	
사업장소재지	서울시 영등포구 여의도동		
업 태	노래연습장 운영	종 목	서비스업
창업(예정)일자	2007년 0월 0일	직원 수(예정)	2명
특 기 사 항	노래연습장		

2. 창업자의 인적사항

성 명	대 성 공		주민등록번호		-
주 소	서울시 영등포구 여의도동		전화번호		123-1234
학 력	휴 대 폰	학 교 명	전 공		수학상태
		00고등학교	상 과		졸 업
		00대학교	사 학 과		졸 업
경 력	근무기간	근무처	담당업무		직 위
		00전자	마 케 팅		부 장

II. 사업 계획

1. 브랜드 콘셉트

항 목	내 용
상 호	다인 노래연습장
개 요	노래연습장업
타 깃	직장인과 학생
포지셔닝	노래연습장과 PC방 틈새시장

2. 운영 정책

항 목	내 용
상 품 구 분	노래연습장과 PC방 대여
매 장 규 모	노래연습장 9개/ PC방 1개(PC 7대)
매 장 종 류	노래연습장 ROOM (大 3개, 中 2개, 小 4개)/PC방 룸(1방)
서 비 스 가 격	노래연습장의 시간당 7,000~15,000원 / PC방의 시간당 500원

3. 자금 계획

1) 예상 소요 자금

항 목	내 용	비 율
임 차 보 증 금	3,000만 원	13.9%
가 맹 보 증 금	1,000만 원	4.6%
인 테 리 어 비 용	8,000만 원	36.9%
기기설비및집기	4,000만 원	18.5%
각 종 사 인 물	500만 원	2.3%
초 도 상 품	300만 원	1.4%
운 전 자 금	4,860만 원	22.4%
합 계	21,660만 원	100.0%

2) 자금의 조달 방법

항 목	내 용	비 율	비 고
자 기 자 금	15,162만 원	70.0%	예금 외
외 부 자 금	6,498만 원	30.0%	부동산 대출
합 계	21,660만 원	100.0%	

4. 매장 계획

항 목	내 용
매 장 규 모	65평
층 수	4층
방 개 수	10께
인테리어콘셉트	밝고 친환경적이며 건강을 생각하는 자연주의 문화 공간

5. 마케팅 계획

항 목		내 용		
노 래 연 습 장		최상의 서비스와 친환경 웰빙 공간		
가 격		5,000~18,000원 조정 가능		
	주간	일반실(4~5인 기준)	30분-7,000원	1시간-10,000원
		일반실(6~7인 기준)	30분-7,000원	1시간-10,000원
		일반실(청소년)	30분-5,000원	1시간-7,000원
		특실(8~10인 기준)	30분-10,000원	1시간-15,000원
		특실(청소년)	30분-7,000원	1시간-12,000원
	야간	일반실(4~5인 기준)	30분-10,000원	1시간-15,000원
		일반실(6~7인 기준)	30분-10,000원	1시간-15,000원
		특실(8~10인 기준)	30분-10,000원	1시간-20,000원
입 지		역세권(배후지 오피스와 아파트)		
프 로 모 션		1개월간 초저녁 이용자 더블이용 무료 쿠폰제 서비스		

6. 추정 매출

항 목	내 용	비 고
① 평 균 단 가	12,000원	시간당 이용료
② 방 개 수	9실	
③ 회 전 수	5회전	1일
④ 부 가 매 출	일 15만 원	PC 대여, CD 복사, 음료, 파티 등
⑤ 일 매 출	69만 원	(①×②×③)+④ = 일 매출
월 매 출	2,070만 원	⑤×30

7. 추정 수익율

항 목		내 용	비 율	비 고
총 매 출 액		2,070만 원	100.0%	
매 출 원 가		879만 원	42.5%	
지출	식음료, CD 등	186만 원	9.0%	가맹 로열티 포함
	인 건 비	165만 원	8.0%	아르바이트 2명
	제세공과비	228만 원	11.0%	전기, 통신, 신곡 구입, 보험 등
	임 대 료	300만 원	14.5%	
매 출 이 익		1,191만 원	57.5%	
수익률			60.0%	

8. 인력 계획

항 목	인 원	성 별	나 이	급 여	비 고
점 장	1명	남/여	45		창업자
직 원	2명	남/여	23~25세	시급 3,000원	아르바이트

9. 운영 계획

항 목	내 용
서 비 스	매뉴얼에 의한 체계적인 서비스
운영시간/운영기간	오전 10시~익일 새벽 5시/월 30일

10. 일정 계획

항 목	일 정	비 고
업 종 선 정	1월 1일	소상공인지원센터, 전문가 상담
입 지 및 상 권 분 석	1월 20일	시장조사, 경쟁업체 및 고객 분석
사 업 계 획 서 수 립	2월 10일	부분별 사업 계획 및 자금조달 완료
점 포 계 약	3월 1일	허가 가능지역 점검, 하자관계 점검
인 테 리 어 / 네 트 워 크	3월 25일	인·허가 조건에 맞는 시공/각 룸 케이블 공사
소 방 시 설	3월 25일	소화 장비, 비상경보의 설치, 대피시설
시 스 템	3월 25일	노래반주기, 음향·영상·시스템 설치
영 업 신 고 완 료	3월 27일	해당 관청에 신고
시 설 및 집 기 물	3월 28일	쇼파, 탁자, PC, 냉·난방기, 기타
영 업 교 육	3월 29일	직원 및 업주 시스템 운영 및 관리
시 범 운 영	3월 30일	시스템, 전기, 관리 프로그램 작동시범
정 식 오 픈	4월 1일	개업식 이벤트

12 창업자의 능력에 맞는 투자 규모와 예산을 설정한다

how to
노래연습장 창업에 있어서 투자 규모와 예산의 설정은 여타 어느 업종보다 중요한 부분
이다. 경우에 따라서 투자 규모가 창업의 성패를 좌우할 정도로 높은 비중을 차지하고
있다.

●●● 결론적으로 말하면 창업자의 능력에 맞는 적정 규모를 갖
춘 업소 운영이 필요하다. 사업의 승패를 규모에 우선 두어야 한다
고 생각할 수도 있겠지만 가능한 한 총 투자액에서 안정적인 자기자
본 비율에 먼저 기준을 두어야 한다. 무리하게 외부적인 자본의 힘
을 빌려 크게 창업해놓고 지금처럼 경기가 불황이고 장기화될 경우
에는 금융 비용과 고정 비용으로 자칫 큰 낭패를 초래할 수도 있기
때문이다. 따라서 최상의 입지조건을 갖춘 사업장이라 할지라도
100평 이상 대형 업소는 반드시 채산성을 면밀히 검토해보고 인테
리어를 결정해야 한다. 무조건 큰 평수로 시작하기보다는 처음에는
약 70%의 공간만 활용하고 남은 면적은 상황에 따라 점차적으로 사
업을 확장해가는 것이 좋은 방법이 될 수 있다. 지역마다 다르겠지
만 50~70평 정도의 규모라면 사업의 채산성이나 관리유지 측면에
서 충분할 것으로 판단된다. 상반적으로 50평 이하의 소형 업소의
경우에도 채산성 검토가 필요하다.

노래연습장은 심각한 경쟁 상황에 직면해 있고, 향후 이 같은 상

황은 더욱 심화될 것이라는 분석이 지배적이다. 이러한 경쟁 상황에서는 창업자들도 이른바 빈익빈 부익부 현상으로 나누어질 것이다. 노후 업소나 소형 업소의 경영난은 갈수록 심화되고, 일부 대형 업소만이 경쟁력을 갖게 됨으로써 대형화하거나 고급화하는 추세가 계속되고 있다.

대다수 전문가들은 '향후 신규 개업하는 업소의 경우 최소 50평 이상의 대형 업소만이 경쟁력을 확보할 수 있을 것'이라고 분석하고 있다. 실제로 그간의 시장 변화와 영업 환경 개선 후 예상되는 시장 상황을 토대로 올 하반기 이후 관련 업계의 변화를 예상한 결과 향후 3년간 현재와 같은 추세가 지속될 경우 시장 규모에 비례하는 적정선의 업소 수가 유지될 때까지 도태 업소가 발생할 것으로 예측되고 있다. 결국 시설 경쟁력이 떨어지는 노후 업소나 소형 업소들은 가능성이 희박하다는 점을 반증하는 결과이다. 때문에 시설 경쟁력을 확보할 수 있는 수준의 투자 여력이 부족한 경우에는 창업을 다시 고려하는 것이 바람직하다.

실제로 3~4억 원에 달하는 엄청난 투자로 시공된 대형 업소 중 상당수가 경영난에 직면해도 폐업이 용이하지 않다. 규모가 클수록 매매가 원활하게 이루어지지 않기 때문이다. 결국 투자 규모에 대한 설정과 결정은 창업자에게 달려 있다.

다음은 가장 합리적인 투자 규모와 예산 설정 방법을 단계별로 제시해 보기로 한다.

| 투자에 비례한 영업 이익을 고려해야 한다 |

주변에서 영업 중인 기존 노래연습장의 수익 정도와 시설 수준,

입지 특성 등을 고려해서 자신이 예상하고 있는 총 투자 규모의 3~4부 이자 정도를 수익으로 거둬들일 수 있는지를 면밀히 분석한 후 자신이 없다면 창업을 다시 한 번 고려하거나 투자 규모를 재조정할 필요가 있다. 주변 영업 환경을 면밀히 조사하여 영업적 이익이 적정한 수준에 이를 경우 투자 규모에 비례한 투자 전략을 세워야 한다.

| 수익성이 있다고 판단되면 확실한 투자로 시장을 리드한다 |

자금의 여력이 충분하고, 사업성이 확실한 입지라면 어설픈 투자보다는 실평수 80평 이상에 차별화된 시설 경쟁력을 갖추는 등 확실한 투자로 경쟁 업소를 압도하는 것이 바람직하다.

| 어설픈 투자보다는 최소 투자가 오히려 바람직하다 |

중대형 업소를 모방하는 수준의 투자를 하기보다는 입지를 잘 선택한 후 50평 정도의 점포를 임대하고 이를 실속 있는 중저가 시스템으로 세팅하는 것이 안전하고 더 수익성이 있을 수 있다.

노래연습장업의 경우 고수익을 올리는 업종은 아니지만 신규 창업 시 인건비 정도는 충분히 보장하는 사업이기 때문에 투자 부담이 적은 경우 안정적으로 영업할 가능성이 매우 높아진다. 그러나 이 경우 대형 업소가 주변에 새롭게 오픈할 경우 상당한 타격을 받을 우려가 있다.

| 기존 업소를 인수하지 않는 것이 바람직하다 |

노래연습장 경험이 풍부한 업주 경우를 제외하고는 권리금을 주고 기존 업소를 인수하는 사례가 드물다는 점을 주목해야 한다. 노래연습장 영업을 통해 성공한 대다수 업주들은 차별화된 시설의 신규 업소를 시공해 2~3년 정도 업소의 사업성을 정점에 끌어올린 후 시설이 노후될 무렵에 권리금을 받고 양도한다. 즉 2~3년 주기로 계속적으로 노래연습장을 신규로 오픈하는 방식을 취하고 있다. 성공적인 노래연습장 영업의 정답이 여기에 있다. 예비 창업자들의 경우 노후된 업소를 권리금을 주고 인수하는 사례가 있는데 권리금이 지나치게 저렴하더라도 기존 업소를 인수하는 것은 바람직하지 않다. 화려한 대형 업소들과 새롭게 들어서는 깔끔한 신규 업소들 사이에서 기존의 시설로는 경쟁이 되지 않기 때문에 참담한 실패를 경험하는 사례가 많다. 예비 창업자일수록 특히 이 점을 명심해야 한다.

| 투자 여력이 없다면 창업을 포기해야 한다 |

지나치게 대출금에 의존하거나 동업을 하는 사례는 어떠한 형태로든 문제가 발생하는 경우가 많다. 대출금에 의존해서 창업할 경우 단기적인 영업 부진 등 약간의 문제가 발생해도 돌이킬 수 없는 결과를 초래하기 때문이다.

동업의 경우도 마찬가지이다. 동업인 경우 업소를 직접 운영하는 업주와 투자 업주로 구분되는 것이 일반적인 형태이지만, 결산에 따른 트러블이 발생하는 사례가 빈번하고 또 그만큼 실패할 확률도 높다.

따라서 노래연습장업은 언제든지 새로운 경쟁자가 생길 수 있기 때문에 항상 최악의 시나리오를 설정해 놓고 항상 대비하는 신중한 자세가 필요하다.

13 창업자금을 이해하고 자금 조달처를 꼼꼼히 분석한다

how to
창업 비용의 조달 방법은 자기자금과 타인자금으로 구분되는데, 후자인 경우에는 총 창업 비용의 50% 이내가 좋다. 그리고 자금의 조달처, 금리조건, 상환기간 등의 여러 조건들을 면밀히 따져봐야 한다.

●●● 사업 계획을 철저히 수립하였다고 하더라도 자금이 필요한 시기에 제대로 조달되지 않는다면, 계획대로 사업이 진행될 수가 없다. 노래연습장의 창업자금으로는 크게 준비자금, 고정자금, 운전자금 등으로 나눌 수 있다.

| 준비자금 |

준비자금은 창업 아이템과 입지를 확정하고 개업 전까지 소요되는 자금을 말한다. 예를 들어 각종 창업 정보를 얻기 위한 활동이나 사업 타당성을 분석할 때 소요되는 비용, 상권 및 입지의 분석 비용 등이 이에 해당된다.

| 고정자금 |

고정자금은 개업 이후에 업소를 운영하는데 고정적으로 소요되는 자금을 말한다. 예를 들어 임차보증금, 권리금, 인테리어 비용, 시설 및 집기 비용, 가맹점 보증금 등이 이에 해당된다.

◎ 임차보증금

노래연습장을 창업하기 위한 점포에 대한 보증금을 말한다. 보통 임차보증금은 일반적으로 창업 비용 중 다소 편차가 있기는 하지만 전체의 30% 내외를 차지한다. 즉 창업 비용 중에서 비교적 많은 비중을 차지한다고 보면 된다. 일부 악덕 건물주의 경우에는 주변 점포의 시세보다 높은 보증금을 요구하는 사례가 있다. 그러므로 점포를 임차할 때는 주변 시세를 상호 비교하여 창업자 자신이 얻고자 하는 점포의 보증금이 높지 않은지 등을 잘 살펴보아야 한다.

◎ 권리금

권리금이란 현실적으로 세입자 간에 인정하지 않을 수 없는 금액을 말한다. 현재 사용하는 권리금이란 말은 상권에 대한 기초 권리금과 인테리어 설비 등에 대한 보상적 성격의 권리금시설비이 포함되어 있다.

결국 권리금은 '영업 활동에 따른 영업권에 대하여 배타적인 권리를 인정한 금액보통 말하는 '권리금'과 시설비빈 점포의 경우 바닥 권리금의 합' 이라고 할 수 있다. 보통 권리금은 '1년 동안 순수익의 합과 입지 조건을 기준으로 시설 상태와 업종의 경쟁력 유무, 점포의 크기' 를 감안해 산출한다. 이처럼 권리금은 '1년 동안의 순수익의 합' 이 의미하듯이 장사가 되는 곳에 따라 붙는다. 자금이 있는데도 많은 창업자들이 권리금 때문에 망설이다가 점포를 놓치고 후회하는 경우가 많다. 이럴 때는 한 가지만 확실히 짚고 넘어가자. 그러면 결정하기도 쉽고 후회 없는 선택을 할 수 있을 것이다. 즉 '나중에 점포를 팔려고 할 때 권리금을 어느 정도 받고 쉽게 팔 수 있겠는가' 를 객관적으로 판단하면 된다. 그러면 답이 나온다. 권리금이 있는 점포는 장사가 되는 곳이다. 상황이 허락한다면 권리금 있는 점포가 오히려 안전하다.

다음은 이러한 권리금의 내용은 구체적으로 설명하고자 한다.

- 바닥 권리금 : 예비 창업자의 경우 선뜻 이해되지 않겠지만, 권리금의 구성요소 중 가장 중요한 부분이다. 즉 해당 점포가 위치해 있는 지역의 상권과 입지에 대한 가치 비용을 말한다. 장사가 잘 될 수 있는 충분한 조건을 갖춘 입지에 있는 점포를 넘겨주는 대가로, 기존의 세입자에게 주는 금액이라고 보면 된다. 바닥 권리금은 역세권, 도심 상권, 부도심 상권, 주택가 상권 등 각 상권에 따라 시세가 다르다. 그리고 각 상권마다 해당 점포의 입지 형태에 따라서도 바닥 권리금이 다르게 형성된다. 대개 독점적으로 영업이 가능한 점포일수록 바닥 권리금이 높다.
- 시설 권리금 : 시설 권리금은 인수하려고 하는 점포의 시설 부분에 대한 대가를 지급하는 금액으로 인테리어, 가구 및 집기, 각종 설비 등이 포함된다. 기존의 노래연습장을 인수하는 경우는 많은 시설을 그대로 사용할 수 있기 때문에 대체로 해당 시설비에 대해 감가상각을 고려하여 책정한다. 대개 시설에 대한 감가상각의 기간은 3년을 기준으로 1년에 30%씩 감하면 적당하다. 3년이 경과된 시설이나 집기에 대해서는 권리금을 적용하지 않아도 된다. 다른 업종을 하던 점포를 인수하는 경우에는 시설에 대한 효용가치가 없으므로 기존 업주와 잘 타협해야 한다. 새로 경영을 한다면, 기존 시설을 철거하고 시설을 새롭게 해야 되므로 오히려 철거 비용이 추가로 발생할 수 있기 때문이다.
- 영업 권리금 : 영업 권리금은 동일한 평수와 비슷한 입지라고 할지라도 해당 매장의 매출 현황에 따라 크게 달라진다. 즉 영업력의 유무에 따라 영업 권리금이 매겨지는 것이다. 월평균 매출액이 2,000만 원인 매장과 3,000만 원인 매장의 권리금은 당연히 다르다. 문제는 기존 사업자가 정확한 매출액을 공개하지 않는 경우에는 주변 부동산 업자나 인근 매장의 주인 말에 의존할 수밖에 없다. 또 매장의 주인이 바뀌어도 영업이 그대로 유지된다는 보장은 없다. 이 권리금은 기존 사업자가 얼마나 열심히 하였는가에 따라 달라지며, 이종 업종보다는 동종 업종일 경우에 더 발생한다. 영업 권리금의 계산 방식은 다음과 같이 계산하면 된다.

> **영업 권리금 = 해당 매장 이익×12개월**

예를 들어 'A'라는 업소가 월 매출 2,000만 원에 순이익이 월 600만 원이라면 순이익 600만 원×12개월이므로 7,200만 원 이내라고 보면 된다. 단, 이러한 계산 방식은 단순 계산 방식이므로 매장 주변의 여러 환경 변수를 고려하여 결정하는 것이 좋다.

인테리어 비용

인테리어라 함은 점포 내·외부의 시설 공사를 총칭한다. 따라서 인테리어 비용은 이러한 점포의 전면 간판으로부터 내부 조명공사 등 소방과 전기 및 가스 증설 등을 제외한 대부분의 매장을 꾸미는 데 소요되는 비용을 말한다. 주로 철거 공사와 도색, 각종 간판, 가구, 조명 설치 등에 소요된다.

시설 및 집기 비용

시설 및 집기 비용은 반주기시스템, 냉장고, 냉·난방기, 오디오, 싱크대, 의자 등 각종 사무용 기기 등의 구입 비용을 말하는데 매장의 인테리어와 어울리는 색깔을 고려하여 구입하는 것이 좋다.

| 운전자금 |

엔진을 돌리기 위해서는 휘발유가 필요하듯 업소를 운영하기 위해서는 운전자금이 필요하다. 예를 들어 월세, 직원 급여, 광고 및 홍보비, 상품구입비 및 관리 비용, 공과금, 교통비 등을 말하는데 창업 초기의 비용 계획을 잘못 세워 초과 집행이 되는 경우 경영에 어려움을 겪을 수도 있다. 보통 6개월간의 운전자금을 확보하는 것이 노래연습장을 안정적으로 운영할 수 있다.

| 자금 조달, 이 곳을 두드려라 |

예비 창업자들은 먼저 자신의 자금력과 규모에 맞추어 창업을 하는 것이 당연한 일이다. 그럼에도 불구하고 대강 '이 정도의 자금은 구할 수 있겠지'라는 막연한 생각으로 무조건 창업부터 해보자는 예비 창업자들이 의외로 많은 것이 현실이다. 물론 이러한 경우들은 실패로 귀결되는 확률이 많다. 처음부터 창업 비용에 대한 철저한 계획을 세우고 일을 진행하는 창업자라면, 분명 좋은 결과를 얻을 가능성이 높다. 무리하게 창업을 진행하는 것은 자신 스스로 주저앉는 우를 범하는 꼴이다.

따라서 이런 점을 명심하고 창업자금을 지원해주는 관공서를 최대한 활용하는 것이 성공 창업의 가장 큰 관건이라 할 수 있다. 그러나 누구나 쉽게 받을 수 있는 것은 아니다. 일정한 자격 조건, 부동산 담보, 사업자등록을 하고 영업을 해야 한다는 등 까다로운 면이 많다.

다음 페이지에 정리된 표에 창업자금을 지원하는 관공서에서 제공하는 대부 한도액과 상환조건을 정리하였으며, 이런 자금을 대부받을 때의 유의사항들을 정리해 보았다.

■ 창업자금은 최초 예상 비용보다 150% 이상 준비하는 것이 좋다. 막상 창업을 하면 생각하지 않았던 부분에서 자금이 소요되는 경우가 많기 때문이다.

■ 임차보증금은 최소한 자기자금으로 해야 한다. 임차보증금까지 타인자금으로 사용할 경우 그에 따른 이자 비용 등이 경영 압박 요인으로 작용할 수 있기 때문이다.

■ 차입금을 금융기관에서 이용할 때는 여러 금융기관을 돌아보고 금리 또는 상환조건을 면밀히 따져본 후 결정하는 것이 좋다.

구 분		대 상	융자한도액	상환기간	대출금리/상환방법
국가 보훈처		− 본인이나 가족이 국가 유공자이거나 제대 군인인 경우 − 매년 1월 첫째 주에 신청 받음	− 신규 창업 경우 : 2,000만 원 − 이미 창업한 경우 : 1,500만 원	7년 (연장 불가)	국가 유공자이거나 유족인 경우에는 연 3%, 제대 군인인 경우 5%의 이율이 적용되며 원리금 균등분할 상환
근로 복지공단		3개월 이상 실업 상태에 있는 세대주 또는 주소득 원인자인 장기실업자	최고 1억 원	1~2년 단위 (6년까지 연장 가능)	공단에서 지원한 점포 지원금에 대하여 연 4.5%에 해당하는 임대료를 매월 균등 납부
소상공인지 원센터		− 제조업 · 건설업 · 운수업의 경우는 상시 직원 10인 미만, 도소매업 · 음식점업 · 서비스업 등은 5인 미만 업체 − 주점업 · 귀금속점 등 사치향락 업종은 제외	최고 5,000만 원	5년 (연장 불가)	연 5.40%(변동 금리)로 재해 복구지원자금은 4.4%로 1년 거치 후, 4년간 대출 금액의 70%를 3개월마다 균등분할 상환하며, 나머지 30%는 상환기간 만료시 일시 상환
여 성 가 족 부	여성 가장 창업 자금	− 저소득 여성 가장 − 보건복지부가 고시하는 최저생계비의 1.5배 이내의 소득, 1억 원 이하의 재산 보유 − 배우자가 없거나 노동력이 없는 경우(중환자, 장애인, 실직 1년 이상 등)에 가족을 부양해야 하는 여성 가구주	최고 5,000만 원	2년 (연장 가능)	연 3%(고정 금리)로 원금 일시상환, 이자는 월별 납부 방식
	여성 기술인 창업 자금	− 여성 기술인이면서 사업자등록 후 5년 이내인 여성 사업자 − 창업 교육(10시간 이상) 수료하였거나 매출액이 증가되고 있는 업체 대표자 − 업종과 관련 있는 국가자격증 및 정부 등록 민간협회 발급 자격승 취득자, 직업 교육을 50시간 이상 수료한 자, 문화 · 정보통신 분야에서 연속 1년 이상 또는 합산 2년 이상 경력을 가진 자, 창업경진대회 · 기능경진대회 입상자, 특허권자, 실용신안권자, 창업보육센터 입주업체, 친환경농산물 직영판매업자, 기타 여성가족부 장관이 인정하는 자	최고 7,000만 원	5년 (연장 불가)	연 4.0%(고정 금리)로 1년 거치 4년 매월 균등분할 상환
한국여성경 제인연합회		− 저소득 여성 가장으로 소득기준은 월 175만 원 이하, 재산기준은 1억 원 이하(부채 포함) − 배우자의 사망, 이혼, 장기실직 1년 이상 경우 또는 노동 능력 상실 등으로 사실상 가족을 부양하는 여성 − 미혼여성일 경우에도 부양가족이 있는 경우는 가능(부모님의 경우 65세 이상) − 부양가족 중 자녀가 25세 미만인 경우 해당	최고 5,000만 원	2년 (연장 가능)	연 3%
한국장애인 고용촉진 공단		− 모든 장애인 해당 − 매년 4월 대출 신청	최고 5,000만 원	7년 (2년 거치 5년 분할상환)	연 3%로 2년 거치기간은 융자 원금에 대한 이자만 납입하며 5년. 균등분할 상환기간은 원금을 상환기간 동안 균등분할하여 이자와 같이 납입

관공서
홈페이지

국가 보훈처 http://www.mpva.go.kr　　　근로복지공단 http://www.welco.or.kr
소상공인지원센터 http://www.sbdc.or.kr　　한국여성경제인연합회 http://www.womanbiz.or.kr
한국장애인 고용촉진공단 http://www.kepad.go.kr
여성가족부 http://www.mogef.go.kr, http://www.sbdc.or.kr

14 창업 비용은 이 정도가 있어야 한다

how to
점차 노래연습장은 점포의 대형화·고급화되어가는 추세로서 60평형 룸 8실을 기준으로 고급형 시설과 인테리어를 갖췄을 때, 임대 비용을 제외한 창업 비용은 평당 250~350만 원 정도의 비용으로 1억 5천만~2억 원 정도가 소요된다.

●●● 노래연습장 창업을 준비하면서 창업 비용으로 얼마나 들어갈지 예측해보지 않는다면 어떤 일이 벌어지겠는가? 사전 예산의 배분계획 없이 무작정 창업을 하다보면 도중에 자금 여력이 부족해 이러지도 저러지도 못하는 상황이 벌어질 수도 있을 것이고, 도중에 창업을 포기해야 하는 사태가 초래할지도 모르는 일이다.

따라서 노래연습장 창업의 전 과정에 소요되는 자금을 추정한 소요자금의 조달 계획은 그만큼 창업 과정에서 중요하다.

| 소요자금을 추정해 본다 |

창업의 전 과정에 소요되는 자금을 추정해 보는 일은 노래연습장이라는 업종에 맞는 점포 입지와 규모를 파악하는 단계에서 이미 이루어져야 한다. 다시 말해 창업 초기단계에 이미 노래연습장에 대한 "평당 투자금액은 얼마로 한다!" 라는 소요자금의 대략적인 윤곽이 잡혀 있어야 순탄하게 성공적으로 창업이 이루어지는 것이다. 한편 적당한 점포를 확정하고 사업계획서가 구체적으로 작성되는 시점에서는 예비 창업자들이 항목별 소요자금을 보다 구체적으로 추정해 보아야 한다. 창업 과정에 필요한 소요자금은 크게 2가지로 구분된다. 그 하나가 초기 투자비의 개념인 '창업 투자 비용'과 실제로 영업할 때 발생하게 되는 '영업 수지 비용'이 그것이다. 영업 수지 비용을 따질 때는 처음 3개월 동안은 수익이 없는 것으로 생각해 비용을 계산하는 것이 좋다.

📇 창업 투자 비용

창업 투자 비용은 점포를 확보하기 위한 보증금, 권리금 등에서부터 실내·외 인테리어 비용 등의 점포 공사비, 각종 집기·비품·초도상품의 구입 비용, 개업 행사 비용 등을 종합적으로 고려한 것이다.

구 분	항 목
점포 확보 비용	임차보증금, 점포 권리금 등
점포 공사 비용	실내·외 인테리어 비용, 점포 철거 및 간판비 등
집기 비품 비용	영업비품비, 장치비품비, 운영비품비, 물류비품비 등
상품 구입 비용	초도상품비, 전시상품 구입비, 관련 재료 구입비 등
가입 비용	체인점일 경우 가맹비, 전화가입비, 협회가입비 등
개업 행사 비용	개업 행사에 소요되는 제반 비용 등
홍보 및 판촉 비용	광고선전비, 판촉물 구입비, 인쇄물 제작비 등
기타 비용	시장조사비, 상담 및 컨설팅비, 접대비, 집기류와 비품, 네트웍 장비와 공사 등

- 점포 확보 비용 : 점포의 입지 선정이 중요한 요소이기는 하나 무리한 권리금과 월세는 가급적 피하는 것이 중요하다. 권리금의 경우 무형의 투자금액이므로 주변 상권의 변화나 경기의 영향 등으로 향후 환급되기 어려운 요소가 있을 수 있기 때문이다. 또한 너무 많은 월세 지출은 고정비의 상승 요인이므로 원금 회수 기간이 길어진다. 권리금은 되도록 없는 점포를 선정하며, 월세는 점포의 입지와 주변 상가의 시세, 건물의 상태 등을 꼼꼼히 살펴본 후 결정해야 한다.

- 점포 공사 비용 : 고객의 성향과 노래연습장의 대형화, 고급화로 인해 인테리어 부분에 대한 중요성이 인식되었고, 최근 노래연습장의 창업

에 있어서 성공의 핵심은 인테리어라 해도 무방할 것이다. 공급보다 수요가 많았던 시기에는 인테리어에 상관없이 점포 입지만 좋다면 영업이 성행했으나 최근같이 무한 경쟁의 시기에는 최소 2~3년을 내다보는 인테리어가 필요하다. 화려하기만한 인테리어를 선택하기보다 환기와 공기청정시설 등 고객의 건강을 고려한 인테리어와 동선, 좌석과 소품 배치 등 고객이 편안함을 느끼는 인테리어가 무엇보다 중요하다.

■ 영업비품 : 노래연습장의 투자금액 중에서 가장 많은 부분을 차지한다. 좋은 입지를 선정하기 위해서 반주시스템 기기에 대한 비용을 축소하여 창업 비용을 줄이는 경우가 있다. 그러나 이것은 잘못된 판단이다. 고객이 최종적으로 이용하여 가격을 지불하는 것은 룸 사용료가 아니라 노래반주기에 대한 사용료이기 때문이다. 따라서 노래연습장을 창업할 때 가장 신경 쓸 부분이 바로 빵빵한 노래반주시스템이다. 구태여 창업 비용을 절감해야 한다면 룸의 크기에 적합한 반주시스템의 합리적인 모델을 찾아 설치하는 것이 바람직하다.

| 실제 사례로 보다 구제직인 칭입 비용을 알아본다 |

한노래(가명) 씨는 서울 마포구 홍대부근에 위치한 점포를 확보하기 위해서 오래 전부터 주변의 공인중개사와 친분을 쌓고 자주 들러서 권리금이 없는 점포로 창업한 경우이다.

먼저 노래연습장의 전체적인 구조는 고객을 최대한 수용하기 위해 룸 수를 늘려 60평 규모를 8개로 주변의 대형 업소처럼 룸 수보다는 여유로운 공간 활용과 디자인에 주 안점을 두는 최근 흐름과는 달리 첨단 기기와 시스템에 더 집중하였고 세련되고 감각적인 인테리어로 작은 공간을 충분히 커버하였다.

노래반주기는 쌍방향 인터넷으로 설치하여 고객이 자신이 부른 노래를 주변 친구나 가족에게 음성 메시지로 보낼 수 있고 핸드폰 벨

소리 저장도 가능한 최신 시스템을 도입하였다. 또한 녹음, DVD 동영상도 지원되며 노래 분위기에 맞는 고화질 영상 소스가 다양한 노래 환경을 만들어 주변 지역의 대형 업소에 비해 작은 규모에 속하면서도 지역에서 꾸준한 매출을 이어가며 안정적으로 자리매김할 수 있었다.

이 경우의 창업 비용으로 16,800만 원 정도가 투자되었고 6개월 운전자금으로 4,260만 원 정도를 준비자금으로 확보하여 초기의 창업 비용 부족으로 인한 두려움을 없애고 창업에 성공한 경우이다. 그 외에 인테리어 기타 비용은 다음 표와 같이 투자했다.

구 분	항 목		금 액
준비자금	보증금		300만 원
	상권 및 입지 조사 비용		
	사전 홍보비		
	사업 타당성의 분석 비용		
	기타 정보 습득 비용		
고정자금	임차보증금		3,000만 원
	인테리어 비용		12,500만 원
	시설 및 장비의 구입 비용		
	가맹 보증금		1,000만 원
창 업 비 용			**16,800만 원**
운전자금 (6개월간)	월 세	200만 원	1,200만 원
	직원 급여	150만 원	900만 원
	광고 및 홍보비(2회)	150만 원	300만 원
	각종 공과금	250만 원	1,500만 원
	교통비 및 기타 잡비	60만 원	360만 원
합 계			**4,260만 원**

(60평 규모)

벤치마킹한 결과에 따르면 차별화된 감각적인 인테리어와 첨단기기의 시설투자에 비해, 주변의 대형 업소에 견주하면 투자 비용이 매우 적게 든 것으로 분석된다.

15 창업으로 이만큼 벌 수 있다

how to
일반적으로 장사가 된다고 하는 노래연습장의 경우(50평 기준) 룸당 평균 매출 75,000원×8룸×30일 계산으로 대략 1,830만 원의 매출을 추정할 수 있다. 수익성은 매출액의 약 60%선으로 약 1,110만 원의 월간 소득을 올릴 수 있는 것으로 분석된다.

●●● 전문적인 기술이나 노하우를 보유하지 않은 예비 창업자들의 경우에는 얼마를 투자해서 어느 정도의 수익을 올릴 수 있는지에 대한 창업 비용에 매우 민감할 수밖에 없다.

고품격 인테리어를 내세운 노래연습장부터 고품질 음향을 내세우는 노래연습장까지 각 투자 비용과 그에 따른 수익성이 다소 차이가 있지만 좋은 입지에서 평균적으로 사업에 성공한 시설형 창업의 경우 부대 비용을 제외한 순 수익성은 50~60%선으로서 수익률이 좋은 편이다.

예를 들어 50평 매장에 노래연습장을 개설하려면 투자 비용은 먼저 인테리어 비용과 노래반주기 비용을 포함하여 평당 250만 원선으로서 12,500만 원 정도와 가맹점 창업의 경우 가맹비 1,000만 원 기타 과외 운영비 500만 원을 합한다면 총 투자 비용은 대략 14,000만 원 내외의 비용이 투자된다.

점포의 임대 비용과 간판, 냉·난방기까지 포함한다면 약 2억 원 정도의 투자 비용을 예상할 수 있다.

고품격 인테리어를 갖춘 대형 노래연습장의 경우 인테리어 비용이 평당 350만 원 정도로서 80평에서 100평 정도의 고품격 노래연습장을 개업한다면 약 5억 원에서 많게는 10억 원 정도가 투자된다.

이처럼 많은 자금이 투입되는 대형 고급 노래연습장일 경우에는 프랜차이즈 본사에서 직접 운영하는 직영점 형태로 운영하거나 관련 업종에 오랜 경험과 자금력이 있는 업주가 주로 창업하며, 처음 창업에 뛰어드는 예비 창업자들에게 이 같은 규모의 시설 창업은 다소 무리가 따른다.

예비 창업자들은 초기에 50평형대의 시설형 창업으로 도전해볼 수 있는데 창업자의 열정과 마케팅 능력이 따라만 준다면 경쟁력을 갖춘 노래연습장의 경우에 50평 기준에서 부대 비용을 제외한 순수 입으로 월 1,110만 원 정도의 수익을 올리고 있는 것으로 나타났다.

♬ 매출 분석과 수익 분석

항 목	내 용	항 목		금 액	비 율
매장 규모	50평	월 매출액		1,830만 원	100.0%
평균 단가	12,000원	매출원가		720만 원	39.3%
방 개 수	8실	지출	식음료, CD 등	120만 원	6.6%
회 전 수	5회전		인건비	150만 원	8.2%
부가 매출	일일 13만 원		제세공과금	250만 원	13.7%
일 매 출	610,000원		임대료	200만 원	10.9%
영업일수	30일	영업이익		1,110만 원	60.7%
평균 일매출	**610,000원**	**수익률**			**60.0%**

(50평 규모)

16 상권 선택에도 기본 상식 과 요령이 있다

how to
창업의 성공요소로는 자본과 아이템 그리고 창업자의 능력과 기술, 상권 등이 있다. 이런 요소 중의 어느 하나 중요하지 않은 것이 없지만 노래연습장 사업의 경우에는 그 중에서도 상권(입지)의 중요성은 절대적이다.

●●● 예비 창업자라면 누구나 좋은 상권에 점포를 개설하여 사업의 안정성과 수익성 모두를 도모하고 싶겠지만 황금 상권에 점포를 개장하였다고 해서 반드시 좋은 선택을 하였다고 할 수는 없다.

황금 상권은 타 상권에 비하여 창업 비용의 소요가 많아질 것이고 주변 시설이 고급이라 시설도 고급으로 하여야 하는 만큼 무사 내미 수익성이 높지 않으면 시설 투자에 따른 투자비를 건질 수 없는 경우가 발생할 수 있고 실패로 이어질 수도 있기 때문이다. 이는 주요 상권에서 연간 전체 점포의 30% 정도가 새로운 간판으로 바뀌고 있는 데서도 알 수 있다. 따라서 좋은 상권을 선택하는 방법은 창업자 스스로 자신의 능력에 맞는 유리한 입지를 선정하는 것이라 할 수 있다.

우선 상권을 파악해야 하는데 상권 전체의 성패 여부를 먼저 파악해야 한다. 상권 자체가 쇠락의 길로 가고 있는데 혼자만 잘 될 수는 없다. 그러므로 상권 전체의 특성을 파악한 후 개개 점포의 입지 조건을 분석하여 입지의 좋고 나쁨을 가린다. 한 상권 내에서도 좋은 장소라면 상권의 범위가 넓으나 장소가 나쁘면 상권의 범위는 매우 좁다.

| 상권의 개요를 파악한다 |

상권이란 고객이 흡인되는 지리적 범위, 즉 해당 점포상업 시설나 사무실을 이용하는 고객들의 거주 지역을 일컫는다. 즉 매출액에 기여하고 있는 고객이 존재해 있는 공간적 · 시간적 범위를 말한다.

특정 지역서울, 부산, 대전 등과 같은 대도시의 넓은 의미 전체를 말할 때는 '지역 상권', 지역 상권 내에서 상업 지적 공간인 지구영등포구, 성동구, 강남구 등과 같은 중규모의 넓은 의미 전체를 말할 때는 '지구 상권', 지구 상권 내에서 특정 입지의 점포가 있는 지점여의도동, 돈암동, 압구정동 등과 같은 소규모의 넓은 의미 전체를 말할 때는 '지점 상권'이라고 한다.

이 중에서 '지점 상권'은 '점포 상권'이라고도 하며 상권을 설정할 때에는 판매액이나 고객 비율에 따라 일반적으로 1차 상권, 2차 상권, 3차 상권으로 구분히며 그 개념은 다음과 같다.

- 1차 상권은 점포를 이용하는 고객의 60~70%를 포함하는 범위를 말하며, 점포인 경우는 약 500m 반경 이내의 지점을 말한다. 고객들이 점포에서 가장 근접해 있으며 통상 전체 매출액의 60~80% 정도를 이 상권 내 고객이 올려준다.

- 2차 상권은 점포를 이용하는 고객의 20~25%를 포함하는 범위로서 1차 상권의 외곽에 위치하며, 점포인 경우는 약 1km 반경 이내의 지점을 말한다. 고객의 이탈 가능성이 매우 높고 접근성이 떨어지는 상권이며, 2차 상권의 고객이 올려주는 매출 비중은 15~20% 정도이다.

- 3차 상권은 점포를 이용하는 고객의 5~10%를 포함하는 1차 상권, 2차 상권 이외의 고객을 포함하는 범위를 말하며, 점포인 경우는 약 2km 반경 이외의 지구를 말한다.

| 상권의 종류를 이해한다 |

대표적인 상권의 종류에는 역세권, 도심 상권, 대학가/학원가 상권, 오피스가 상권, 아파트 단지/주택가 상권 등으로 구분한다.

🔲 역세권

역세권은 지하철 역을 중심으로 형성된 상권을 말한다. 서울의 경우 하루 유동인구가 수만 명에서 수십만 명에 이른다. 당연히 상권이 형성될 수밖에 없고 이 유동인구를 잡기 위해서 대형 쇼핑몰, 극장, 찜질방 등 각종 문화 편의시설이 들어선다. 여성, 남성, 학생, 직장인 등 다양한 계층이 유동하므로 어떠한 아이템을 가지고 창업을 해도 비교적 빠른 시간 내에 정착할 수 있다는 장점이 있다. 보통 액세서리, 꽃집, 잡화점, 편의점 등 판매 업종이 강세를 보이는 가운데 분식점 등 외식 업종도 유리하다.

단점은 매장을 쉽게 구할 수 없고 점포의 구입 비용이 너무 비싸다는 점이다. 혹시 매물이 있다고 해도 구전口傳에 의해 양도양수讓渡讓受가 이루어지는 경우가 많기 때문이다. 역세권 점포의 문제점으로 또 한 가지는 이른바 '뜨내기손님'이 많다는 점이다. 단골고객의 경우는 처음에 앉던 자리에 계속 앉아서 즐기는 자신만의 영역을 따로 만들어 나가는 경우가 있는 반면 뜨내기손님은 잠깐 즐기기 위해 방문하는 경우가 많다. 따라서 업주는 수시로 매장 내를 오가며 단골고객을 관리하는 것이 필요하다.

이 상권은 젊은층의 유동인구와 교통의 편리성, 고객 응집력이 강해서 노래연습장이 입점해도 무난한 상권이다. 그렇지만 임대료는 매우 높은 가격에 형성되어 있어서 계약 전에 반드시 투자 대비 수익률이 4% 이상 되는가를 체크해 보아야 한다.

🏠 도심 상권

도심 상권은 해당 도시의 랜드 마크Land Mark로서 최고의 상권이라고 보면 된다. 서울의 경우에는 명동과 종로 상권이 여기에 속한다고 볼 수 있다.

이 상권은 다른 지역보다 유동인구의 집중도가 매우 높아서 살거리, 볼거리, 놀거리, 먹거리 등 다양한 업종들이 영업을 하고 있다. 또 충분한 눈요기가 가능한 아이 쇼핑을 할 수 있고 충동 구매도 빈번히 일어난다. 따라서 다른 상권에 비해 구매력이 매우 높은 지역이다. 하지만 역세권과 마찬가지로 매장을 구하는 일이 만만치 않다. 일반인이 생각하기에 보증금이나 권리금 역시 상상을 초월할 정도로 높게 형성되어 있기 때문이다. 부가가치가 높은 의류 등 브랜드 아이템 입점이 유리하므로, 노래연습장이 입점하기에는 다소 부적합한 상권이라고 할 수 있다.

🏠 대학가/학원가 상권

심리학석으로 또래 집단의 특징은 '한 곳으로 몰려다니고 집단화되어 있다'는 점이다. 당구장, 노래연습장, PC방, 선술집 등이 대학가 상권에서 잘 되는 이유가 여기에 있다. 기존 세대와는 다른 생각과 사고로 무장한 계층이 대학생들이다. 그들은 공격적이고 적극적인 행동을 하며 혁신적 사상을 공유하고 함께 어우러져 시간가는 줄 모르고 지내기도 한다. 서울의 대표적인 대학가 상권은 신촌, 홍대, 경희대, 한양대, 건대, 신림동 등이 해당된다.

그 반면 학원가 상권은 입시학원이나 각종 자격증 전문학원이 집중되어 있어 유동인구가 상당히 많은 지역이다. 이 상권에 있는 음식점들은 주로 푸드코트 음식 타운을 형성하며 주야로 영업하는 등 상권의 규모와 신규 아이템의 흡입 속도가 타 상권보다 빠른 곳이다. 또한 주변으로 지하철 역 등이 위치하고 있어 역세권과 연장선 속에 있는 경우가 많고, 도심 상권과 역세권에 비해 결코 임대료와 권리금이 만만치 않게 형성되어 있다.

과거에 비해 학생층의 주머니 사정이 여의치 않다. 아르바이트비 등으로 생활비를 충당하는 학생들이 많으므로 실속파 소비층이 많으며, 외식업의 경우 질보다는 양을 중요시하는 경향이 있다. 싼 가격에 푸짐하게 제공하는 메뉴라면, 일단은 성공 보장이라고 할 수 있다. 단점으로는 방학철 등 비수기가 있다는 것이다.

젊은층의 유동인구가 많지만 대부분이 집을 떠난 자취생이나 하숙생, 기숙사 생활을 하는 젊은이들이므로 노래연습장 창업 입지로는 매우 적합한 상권이다.

🔲 오피스가 상권

오피스가 상권은 행정 관청을 비롯하여 법무사, 변호사, 세무사, 보험사 등 크고 작은 사무실이 밀집해 있는 상권을 말한다. 주5일 근무제가 본격 시행되면서 큰 타격을 본 대표적인 상권이다. 과거에는 일요일을 제외한 토요일까지 영업을 했으나 주5일 근무제의 영향으로 토요일과 일요일 등 주말에는 거의 영업이 안 된다.

전체 업종 중 외식업종이 50% 이상의 비중을 차지하고 있는 곳이 많아서 외식업소는 경쟁이 심하다. 고층의 빌딩보다는 10층 미만의 오피스가 밀집된 곳이 노래연습장업에 유리하고 배후지에 아파트 등 주택이 밀집되어 있는 지역, 역세권과 학원가 등과 연계되어 있는 오피스가 상권이라면 노래연습장을 창업하기 위한 상권으로는 최적지이다.

🔲 아파트 단지/주택가 상권

노래연습장의 입지가 주5일 근무제로 오피스가 상권이 부정적으로 작용했다면 아파트 단지(주택가) 상권에는 긍정적으로 작용한다. 주5일 근무제로 특별한 외부 나들이가 없는 가족들의 발걸음이 자연스럽게 거주지 주변의 노래연습장으로 이어지고 있는 추세다.

대형 아파트 단지나 단독주택과 중소형 아파트 밀집지역의 상권을 말하는데 주로 생활용품 등 일상 잡화점들이 잘 되는 곳이다. 유리한 업종으로 소형 슈퍼, 철물점, 지물포, 세탁소, 키친점 등이며 최근 약국과 병원 등 의료 관련 아이템, 휘트니스센터나 여행 관련 아웃도어 용품점들의 입점도 늘고 있다.

대규모 아파트 단지가 형성된 곳에는 대형 유통시설이 경쟁적으로 들어서게 마련이다. 보통 대형 유통시설로 자연히 소비자들의 발걸음이 이동하게 되고 아파트 상가보다 대형 유통상가를 이용하게 된다. 다른 업종과 마찬가지로 대형 유통상가에 노래연습장이 들어선다면 대규모 아파트 단지 내의 노래연습장은 살아남기가 어렵게 된다. 1,000세대 이상 되는 독립 단지인 경우에도 많은 배후 수요를 대형 유통상가의 중심 상권에 빼앗기게 된다. 그러다 보니 당초 기대와는 달리 실제로는 30~40세대 정도의 상권인 셈이다. 상가 내 입점한 업주는 어려움을 겪게 되고 문을 닫는 경우도 많다.

따라서 노래연습장 창업의 경우 대규모 아파트 단지 내에 입점하기보다는 오히려 중심 상권에서 조금 떨어진 소규모 아파트 단지의 대로변 상가가 더 낫다. 이때 중심 상권과의 거리는 200~300m 정도가 적당하다. 그래야만 중심 상권에서 들어오고 또 나가는 유동인구가 지나치는 길목이 될 수 있다.

17 입지 선정이 사업의 성패를 좌우한다

how to
입지 선택이 사업 성패의 60~70%를 차지한다고 봐도 과언이 아니다. 좋은 입지는 고객을 저절로 불러주는 효과가 있기 때문에 그 자체가 홍보 수단이 될 수도 있고, 고객을 부르는 영업사원 역할을 할 수도 있다.

●●● 특정 상권 안에서 점포의 자리를 잡는 것을 '입지 선정'이라고 하는데 성공의 60~70%를 좌우한다고 할 만큼 입지는 사업의 성패를 결정하는 절대적인 요인이다. 대다수의 예비 창업자들은 좋은 입지 선정법에 어떤 난해한 공식이 있을 것으로 생각하여 접근조차 꺼려하는 경우가 많지만 모든 지식이 그렇듯 그 원리만 이해하면 너무나 쉽다.

다음은 인간 심리에 기초한 가장 기본적인 입지 선정의 원리이다.
예를 들어 '홍길동'이라는 창업자는 다음과 같은 고민에 빠졌다. 점포 임차 비용으로 총 5,000만 원이 예산이다. 이 한도 내에 임차할 수 있는 상가 중 마음에 드는 것은 이 두 가지였다.

① A급 상권, B급 입지의 상가 ② B급 상권, A급 입지의 상가

과연 어떤 위치에서의 창업을 결정해야 하는가? 대대수의 창업자는 업종을 선정한 뒤 점포의 입지를 정하는 창업을 택한다. 그렇다면 도대체 점포 임차의 예산 내에서 최상의 매출을 올릴 수 있는 점포란 어떤 점포일까? 이런 질문을 하다보면 다음과 같은 사항에서 갈등하게 된다. 앞의 경우를 이해하기 쉽게 예를 들면 다음과 같다.

> ① 역세권이라 유동인구가 매우 많지만 골목에 있어 사람들의 눈에 잘 띄지 않는 점포
> ② 유동인구는 그리 많지 않지만 버스도 다니고, 적당히 사람도 다니고, 코너 모서리에 있어서 잘 보이는 점포

대다수 업종의 경우 전문가들은 ② 입지를 추천한다. 좋은 입지의 요건은 매우 간단하다. 바로 판매의 확률을 최대한으로 높일 수 있는 입지를 말하는 것이다. 그 중 대표적인 예로는 다음과 같다.

> ① 점포가 고객의 눈에 띄는 만큼 판매의 확률은 높아진다.
> ② 고객이 접근하기 쉬운 곳일수록 판매의 확률은 높아진다.
> ③ 고객이 방문하고 싶은 곳일수록 판매의 확률은 높아진다.

입지 선정의 원리는 최대한 많은 사람에게 눈에 띄고, 가장 접근하기 쉬우며, 가장 가고 싶은 마음이 드는 곳이 최상의 입지이다. 이는 입지 선정에서만 통용되는 원리가 아니라 상품 디스플레이할 때도 통용되는 법칙이다.

대형 할인마트에 진열되어 있는 상품 중에서 가장 잘 나가는 상품은 바로 눈에 잘 보이고 잡기 편한 위치에 진열되어 있는 상품들이라는 사실을 안다면, 입지 선정의 원리에 대해 쉽게 감을 잡을 수 있을 것이다. 예를 들어 아무리 역세권의 상권이라 하더라도 골목에

위치하고 다른 점포보다 안쪽으로 들어가 있는 점포는 동네의 가각 _{거리의 한 모서리} 입지에 위치한 점포만 못하다는 의미이다.

노래연습장업을 할 경우 입지 분석은 사업의 성패가 걸릴 만큼 매우 중대한 문제다. 입지 분석의 핵심은 유동인구를 파악하는 것이다. 연령대별, 성별, 시간대별로 유동인구를 조사하고 해당 입지의 현재 상황뿐만 아니라 앞으로의 전망도 분석하는 것이 좋다.

대부분의 창업자들은 '어떻게 하면 자신이 원하는 지역에서, 원하는 평수의 사업장을 싸게 구할 수 있을까?' 하는 것이 최대 관심사 중의 하나일 것이다.

| 입지 조건을 나름대로 정리한다 |

사업의 성공 여부를 결정하는 절대적인 요인은 대체적으로 무슨 사업을 할 것인가를 결정하는 '업종 선정'과 어디에서 장사를 할 것인가를 결정하는 '장소 선정'의 두 가지를 들 수 있다.

사업을 성공으로 이끌 수 있느냐 없느냐를 결정하는 요소 가운데 60~70%를 차지하는 것이 바로 점포의 위치, 즉 입지이다. 그래서 소매업을 '입지 사업'이라고 부른다. 즉 점포의 위치가 좋으면 성공할 수 있는 확률이 그만큼 높아지나 막상 아무리 좋아도 성공하지 못하는 경우도 있다.

🖼 상주인구와 유동인구를 조사한다

특히 불특정 다수인을 대상으로 하는 업종의 사업은 고정적인 상주인구와 유동인구가 많아야 한다. 예를 들어 학교, 예식장, 체육경기장, 공연장, 터미널, 아파트 단지, 대형 백화점, 전철역 등과 같이 다중 집합 장소의 영업장이나 유동인구가 하루 종일 빈번한 곳이 최적이다. 평상시보다 어떤 이해 관계로 기분이 좋거나 나쁠 때 고객의 스트레스 해소와 여흥을 즐기는 장소로 주로 찾게 되는 곳이 바로 노래연습장이다.

대다수의 사람들은 주로 먹고 즐기는 방법을 동원하여 한때를 보낸다. 이 모든 것을 같은 장소에서 일시에 충족시킬 수 있으면 하는 욕구도 강하게 작용하여 바쁜 일상생활 속에서 보다 편리하고 효과적인 교통 요지를 선호하는 경향이 뚜렷하다. 동일한 생활권 내에서 보다 저렴하게 이용할 수 있다면 금상첨화인 것이다. 따라서 상점, 영업소, 음식점, 주점 등이 밀집하고 있는 곳을 겨냥해 보는 게 일반적인 통념으로 되어 있다. 참고적으로 같은 입지라도 대로변보다는 한 블록 들어간 뒷골목이 노래연습장 장소로도 더 적합하다는 게 전문가들의 일반적인 견해다.

>>> **관련 조사** : 통계청 홈페이지(http://www.nso.go.kr), 인구주택총조사 홈페이지 (http://www.census.go.kr)

📷 연령 조사는 필수적이다

노래도 연령에 따라 그 선호도의 빈도 등이 다양하다. 체력적으로도 10대나 20대 나이에는 넘쳐나는 정열로 많은 발산을 할 때다.

통계에 의하면 청소년들의 이용 욕구가 가장 많은 상업 장소가 노래연습장이라고 조사됐다. 젊은 세대들에게 자기 마음껏 욕구를 발산할 수 있는 매력 있는 장소가 노래연습장인 셈이다. 실제로 중·장년층과 젊은층을 주이용 계층으로 하는 업소를 대상으로 수익성을 분석해 본 결과 상대적으로 젊은층을 주이용 계층으로 영업하는 업소의 수익성이 높은 것으로 나타났다. 물론 이 같은 결과는 상대성이 있겠지만 사업성을 상실한 업소들 중에는 상대적으로 중·장년층을 겨냥한 업소가 많고, 이른바 대박을 올리는 업소의 경우 젊은층을 겨냥한 업소가 많다는 점에서 참고할 만한 결과라 할 수 있다.

🔲 여성과 남성 비율도 조사를 해야 한다

노래연습장을 운영하고 있는 많은 업주들은 전체 고객 가운데 여성 출입의 빈도가 남성보다 훨씬 많다고 한다. 여성고객은 다소 주문이 까다로운 면도 없지 않으나 경비를 나누어 내는 등 경제적이고 효율적인 이용을 하는 것으로 평가된다. 일단 어느 업소에 만족하게 되면 계속적으로 그 업소를 이용하는 단골 습성이 있다는 점도 고객 관리 사항으로 짚어볼 가치가 충분하다.

또한 최근에는 주부 계층이 노래연습장의 주이용 계층으로 급부상하고 있다. 주부들에게 저렴한 비용으로 부담 없이 즐길 수 있는 오락 공간으로 노래연습장 이상 가는 곳이 없다는 점이 이 같은 추세를 반증한다.

| 관련 법규를 먼저 알고 점포를 선정한다 |

노래연습장의 창업을 준비할 때 가장 먼저 갖춰야 할 법 상식은 학교보건법이다. 다소 의외일 수 있지만 업소의 입지 선정을 좌우하기 때문이다.

■ 학교환경위생정화구역 중의 절대정화구역은 학교 출입문으로부터 50m까지의 지역으로 이 지역의 건축물에는 절대 노래연습장 허가를 받을 수 없다.

■ 상대정화구역은 학교 경계선으로부터 200m까지의 지역으로 이 경우는 학교환경위생정화위원회의 심의를 거쳐야만 영업이 가능하다. 그러나 유치원과 전문대 이상 학교의 위생정화구역에서는 제한이 없다.

■ 학원의 설립·운영에 관한 법도 참조해야 하는데 이 법률에 의한 적용기준은 복잡하고 애매하기 때문에 가능하면 담당관이나 전문가의 조언을 들어보는 것이 가장 현명하다.

■ 미성년자 대상의 학원(컴퓨터, 부기, 속셈, 음악, 미술, 독서실 등)과 같은 건물 또는 6m 이내에 위치한 건물 중 조례로 정하는 건물에는 노래연습장 허가를 받을 수 없다. 단 같은 건물이라도 대형건물인 경우 예외일 수 있다.

즉 건물의 연면적이 3,300㎡(1,000평) 이상이거나 수평거리 20m 이상의 경우 또는 6m 이상(3층)되는 직상하층 동일 건물인 경우는 제외된다.

이제까지 언급한 법적 허가요건이 충족되면 비로소 여러 관점을 가지고 사업장을 본격적으로 선정해야 한다.

이런 점을 고려하지 않고 노래연습장 창업을 준비하여 곧바로 상가건물임대차 계약을 진행하다가 낭패를 보는 경우가 의외로 많으므로 주의해야 한다. 바로 옆 건물에 노래연습장이 위치해 있더라도 안심해서는 안 된다. 정화구역이 학교로부터의 직선거리를 기준으로 하기 때문에 불과 몇 미터 차이로도 허가와 불허가로 갈릴 수 있기 때문이다. 반드시 해당 건물에 대해 담당 교육청의 학교보건과로 문의해 보는 성의가 필요하다. 학교보건법과 학원의 설립·운영에 관한 법 중 관련 조항을 발췌해 주석을 붙였다.

>> **관련 법규** : 학교보건법 제5조, 학교보건법 시행령 제3조와 제5조, 학원의 설립·운영 및 과외교습에 관련 법률 시행령 4조

| 수요층 분석이 중요하다 |

대다수 초보자들의 선택 기준은 유동인구 수와 임대료를 적당히 견주어 본 후 타협점을 찾는 경향이 두드러진다. 노래연습장업의 경우 여타 업종과 다른 특수성이 있다는 사실을 주목할 필요가 있다. 노래연습장은 수요층 분석이 중요하고 그러한 분석을 토대로 점포 선정을 해야 한다.

여타 업종과 달리 노래연습장업은 유동인구와 수익성이 꼭 비례하지 않는다. 이 같은 현상은 최근 들어 청소년들과 주부 계층이 인터넷 노래연습장이나 인터넷 PC방, DVD방, 찜질방 등의 최대 수요층으로 떠오르면서 더욱 두드러지고 있다. 때문에 입지 선택에 있어서

출발점은 임대료나 유동인구의 조사가 아니라 수요층의 분석이다. 특히 예비 창업자들의 경우 수요층 분석에 소홀한 경우가 상대적으로 많은데 유동인구의 조사는 수요층 분석의 한 가지 방법에 불과하다는 점을 알아야 한다.

수요층 분석은 가장 노래연습장을 자주 이용하는 계층을 먼저 분석한 후 그 결과를 토대로 잠재 수요층이 가장 많이 모여드는 곳을 중심으로 3~4곳 정도의 예비 입지를 선정한다. 이때 너무 많이 선정할 경우 창업까지 상당한 시일이 걸린다는 점을 알려 둔다.

예비 입지가 선정되면 각 상권의 호황 업종과 쇠퇴 업종이 무엇인지 판단해야 한다. 점포의 입지에 따라 호황기의 업종과 쇠퇴기의 업종이 다르기 마련이다. 서울지역을 예로 들면 신림, 잠실, 신천 상권에서 호황을 누리는 노래연습장이 문정이나 압구정 상권에서는 고전을 면치 못한다. 똑같이 번화가 중심 상권이고, 유동인구 또한 엄청나지만 수익성은 큰 차이가 난다는 점을 직접적으로 증명하는 사례이나.

따라서 입지 선정은 발로 뛰는 현장 체험이라 생각하고 최소 1개월 이상 관련 사항을 면밀히 조사한 후에 선정하여야 원하는 점포를 찾을 수 있고 나중에도 후회가 없는 창업이 가능하다. 일반적으로 점포는 고객을 유인하는 가장 효과적인 수단이며 경쟁 점포에 대하여 우위를 선점하는 마케팅의 원천이 되는 것이다. 점포의 선정은 고객의 입장에서 조사하여 장소를 물색하는 것이 가장 중요하며 노래연습장과 같은 점포 상권은 반경 500m 내의 유동인구 및 주변 점포의 환경 분석이 입지 선정의 주요 포인트가 된다.

따라서 예비 창업자에게는 창업 비용이 많이 투입되는 역세권보다는 주택지와 결합되어 있는 오피스가 상권의 점포를 권한다.

| 건물의 층별에 따라 노래연습장의 입지는 다르다 |

건물의 층수와 계단의 높이에 따라 매출도 달라진다. 좋은 입지를 선정하는 만큼이나 점포의 선정도 매우 중요하다. 같은 조건이라면 층별로도 그 장·단점이 확연하다. 이처럼 다소 소홀하게 지나칠 수 있는 사업장의 층 선택 문제도 입지 선정의 기준에서 절대 빠뜨릴 수 없는 필수적인 요소라는 점을 참고하면 좋겠다.

관련 업체의 조사에 따르면 전국의 노래연습장 층별 분포도를 대략 살펴보면 약 65%가 지하층, 25%가 2층, 그 밖의 10% 정도는 3층 이상에 위치하고 있는 것으로 나타났다.

📷 지하층

노래연습장이 지하층에 많다는 사실은 단점에 비해 장점이 많이 있다는 것을 의미한다. 많은 예비 창업자들이 지하층을 선호하는 이유는 투자 대비에 비해 적은 임대차 비용으로도 좋은 점포를 가질 수 있다는 것이다.

그 외 지하층을 많이 선호하는 이유는 대체로 다음과 같은 유리한 점들이 있기 때문이다.

- 임대하기가 용이하다는 점이다. 대체로 건축물의 용도가 이미 유흥 또는 음식점 등으로 지정되어 있어 노래연습장 업종에 적합하기 때문에 설계 및 용도 변경 등의 까다로운 절차를 밟지 않아도 된다.
- 노출을 꺼려하는 건물주나 업주의 의도와도 연관이 있다. 음향의 노출 또는 냄새, 왁자지껄한 분위기 등 노출을 거부하는 심리가 작용하기 때문이다.
- 하향 이동성으로 고객이 힘들이지 않고 들어갈 수 있다는 점과 음향 보존을 위한 방음, 차음, 흡음 등의 효과가 있다.

단점으로는 지상층에 비해 상대적으로 통풍이 원활하지 못하므로 습기, 악취 등이 발생할 수 있는 요인이 되고 긴급한 사태의 발생 시 안전 대피 등에 대한 문제점을 지적할 수 있다.

📱 2층

지하층에 비해 상대적으로 임대료가 비싼 점과 방음이 불리하고 또 출입 시 상향 이동의 번거로움 등이 있지만 경우에 따라 임대료의 차이가 지하층과 차이가 없고 방음시설의 기술적 보완만 가능하다면 지하층보다 환기가 용이하고 기기의 보존성이 뛰어나며 긴급 피난 시 대처하기에 유리한 점 등이 있다. 또한 사업장 홍보를 위한 광고의 활용 측면에서도 확실한 우위에 있다고 볼 수 있다.

📱 3층 이상

조금 다른 관점에서 살펴볼 필요가 있다. 특별한 메리트가 없는 한 가급적 사업장까지 걸어서 올라가는 건물은 피하고 승강기를 이용할 수 있는 현대식 건물의 임대를 고려해야 한다. 특히 고층 건물의 경우 긴급 대피 등에 유의해야 한다.

다소 방음 측면에서는 2층보다 유리하나 승강기 고장시의 불편함 등 결정적 결함도 고려해야 한다. 한 가지 간과할 수 없는 것은 젊은 층은 지상층, 지하층을 막론하고 출입하는 경향이 있지만 중·노년 층은 지하층을 유독 선호한다는 점을 염두에 두고 장소를 선정하는 데 나름대로의 기준을 세울 필요가 있다.

18 좋은 점포와 나쁜 점포는 이렇게 구별한다

how to
대다수 예비 창업자들의 경우 점포를 선정하는데 있어서 판단력이 떨어지고, 실패에 대한 부담감을 크게 갖고 있기 때문에 예비 입지를 저울질 하다가 그냥 창업 시기를 놓치는 경우가 많다. 따라서 시간 선택이 무엇보다도 중요하다고 볼 수 있다.

●●● 점포 사업의 성패는 상권과 입지에 달려 있다는 것을 다시 한 번 강조하고자 한다. 따라서 업종과 아이템을 막론하고 상권과 입지는 철저히 분석해야 한다.

다음은 예비 창업자가 상권과 입지 분석의 전문가가 아니더라도 쉽게 알 수 있는 좋은 점포의 조건을 요약 정리해보았다.

| 좋은 점포의 조건은 이렇다 |

무엇보다도 유동인구가 많아야 한다

유동인구가 많으면 당연히 대형 할인점이나 백화점, 각종 편의시설이 들어서고 시너지 효과를 유발해 상권이 매우 활성화된다. 이런 상권의 A급지에서는 어떤 업종이라도 잘 된다. 문제는 보증금과 권리금이다. 여기서 한 가지 유념할 것은 장래가 불투명한 주택지 상권의 B급지보다는 역세권과 대학가, 도심의 C급지를 선택하는 것이 차라리 낫다는 점이다. 그러나 업종 선택에 신중해야 한다.

접근이 용이해야 한다

점포는 사람들이 쉽게 찾을 수 있고 편하게 갈 수 있는 곳에 있어야 한다. 이것이 바로 '접근성'이다. 사람들은 특별한 경우를 제외하고는 일반적으로 접근하기 편한 점포를 이용한다.

대형 고층 사무실보다 소형 저층 사무실이 낫다

사람들은 대형 사무실이 밀집한 곳이 소형 저층 사무실이 있는 곳보다 장사가 더 잘 될 것이라 생각하지만, 실제는 그렇지 않다. 주5일 근무제가 확산되면서부터 대형 사무실의 밀집지역은 점심시간을 제외하곤 사람들이 썰물처럼 빠져나가 개점 휴업 상태인 곳이 대부분이다. 주말과 일요일은 두말 할 것도 없다. 이런 곳은 특별한 노하우가 있다면 모를까 그렇지 않거나, 특히 예비 창업자는 아예 관심을 두지 않는 것이 낫다.

그럼에도 불구하고 점심시간에 대형 빌딩에서 쏟아져 나오는 직장인과 유동인구에 현혹된 예비 창업자들이 뛰어들고 있는 것이 현실이다.

규모의 경제를 주장하는 사람도 있지만 오피스가에서는 대형 사무실보다 소형 사무실이 훨씬 알차다. 규모의 경제가 유행처럼 번지고 있지만 무턱대고 믿었다가는 실패하기 십상이다. 소형 사무실이 많이 밀집된 곳은 대개 역세권 주위로 교통망이 좋다. 서울의 역세권을 자세히 조사해보면 대부분 5층 이하 건물들이 많다는 사실을 알 수 있다.

각종 편의시설이 있어야 한다

입지의 좋고 나쁨은 결국 고객들에 의해 판가름 된다. 고객이 쉽게 찾아올 수 있는지의 여부가 좋은 점포의 기준이다. 누구나 찾기 쉽고 편안하게 갈 수 있는 점포로 발길을 돌리게 되어 있기 때문이다. 예를 들어 은행, 유명 의류점, 대형 유통시설, 영화관, 관공서 등이 있는 곳은 유동인구가 많고 접근이 용이하다.

📷 출근 방향보다 퇴근 방향이 좋다

노래연습장 같은 점포 사업은 대부분 오전보다 오후부터 익일 새벽까지 이뤄진다. 점심시간을 기점으로 퇴근시간 이후 8~9시가 가장 활발하다. 때문에 점포의 위치는 출근하는 방향보다는 퇴근하는 방향에 있는 것이 유리하다. 우리 옛말에 '노루목'이라는 것이 있다. 노루란 짐승은 꼭 다니는 길로만 다닌다. 사냥꾼은 바로 이 길목을 지키면 되는 것이다. 사람도 비슷하다. 늘 다니던 길에 익숙해져 있다. 당연히 퇴근하는 길목을 지켜야 한다. 사람들이 퇴근시간에 주로 이용하는 도로가 어디이며, 주 동선이 어떻게 흐르는지 종합적으로 판단한다.

📷 주차장이 있는 점포에 사람이 몰린다

승용차가 대중화되면서 주차장이 있는 곳과 없는 곳의 차이는 여러 면에서 갈수록 심화되고 있다. 전용 주차장이 있으면 금상첨화지만 그렇지 않다면 공용 주차장 옆에 있는 점포도 괜찮다. 그러나 상권 안에 공용 주차장이 있거나, 상가가 이어진 중간쯤에 주차장이 있다면 상가의 흐름이 끊긴다. 이 경우 주차장에서 상권 중심지의 점포는 매우 좋으나 주차장 뒤쪽의 외곽지역에 점포가 있으면 오히려 주차장이 상권을 죽이는 역할을 할 수 있다. 그러므로 이럴 때는 상권 중심지와 주차장 사이에 있는 점포를 구해야 한다.

📷 버스 정류장이나 지하철역이 있는 대로변으로 결정한다

주택가 상권에서는 버스 정류장이 있는 대로변과 없는 대로변의 차이가 크다. 시내를 다닐 때 유심히 살펴보면 대로변에는 대부분 규모 있는 음식점이나 편의점이 들어서 있다. 그런 곳은 버스 정류장이 있거나 역세권이다.

대형 복합 상가의 경우 통행이 많은 도로변에 비해 도로변 안쪽 점포는 매출 차이가 큰 만큼 임대료나 권리금도 절반 이하로 낮다. 그만큼 상가 안쪽은 장사가 되지 않는다. 이런 곳은 창고 시설이나 경정비 업소로 적합하다.

🔳 코너 상가를 주목한다

주택가 상권이든 역세권 상권이든 코너 상가는 그 중 최고의 자리이다. 이런 곳은 시선이 집중되고 출입구 접근이 쉽기 때문에 유동인구를 많이 불러들일 수 있다는 점에서 다른 상가보다 30~50% 정도 임차보증금 등으로 인해 건물을 구하기 위한 비용이 비싸다. 어떤 업종이든 상권의 특성에 완전히 반하지만 않는다면 성공할 수 있는 장소이다. 하지만 늘 그렇듯이 이렇게 좋은 목은 주위의 상인들이 항상 주목하고 있는 대상이다. 장사가 잘 되므로 매물로 나오지도 않겠지만 설령 나온다 하더라도 주위에서 아는 사람끼리 거래가 이루어지는 것이 내부분이나. 그러므로 장사를 하려고 미음먹었다면 코너 상가를 오랜 기간 눈여겨 보아야 한다.

🔳 아파트 진입로의 대로변 점포를 선택한다

아파트 진입로 대로변의 점포가 있다면 경쟁력에서 그 어떤 입지보다도 앞서게 된다. 또한 아파트 진입로는 아파트뿐만 아니라 진입로 주변의 주택까지도 상권의 범위에 들어가게 되어 상권력이 크기 때문이다.

🔳 주변에 노점상이 많은 곳을 선택한다

요즘같이 실업자가 많아지고 경기 불황에는 노점상도 증가한다. 그런데 자세히 보면 노점상들이 있는 곳이 유동인구가 많다는 것을 알 수 있다. 노점상들의 업종과 중복되면 단기적으로는 점포 사업자가 손해를 입는다. 하지만 장기적으로 보면 꼭 그렇지만도 않다. 오히려 노점상들 덕분에 점포를 찾는 새로운 고객들이 생겨나 상권이 오히려 활성화되기 때문이다. 노점상이 있다는 것은 그만큼 상권이 살아있다는 증거이다.

| 나쁜 점포의 조건은 이렇다 |

좋은 점포가 있으면 나쁜 점포가 있게 마련이다. 같은 위치나 크기의 점포라도 피상적으로 보이는 것과 실제는 큰 차이가 있을 수 있다. 적합하지 않은 점포를 가려내는 대표적인 몇 가지 기준을 알아보자.

🔳 상권이 필요 이상으로 확대되었다

예비 창업자든 점포 사업 경험이 있는 업주이든 상권이 커지면 무조건 장사가 잘 될 것이라는 막연한 기대를 하는데, 이것은 위험천만한 일이다. 특히 일부 역세권에서는 점포 업주가 자주 바뀌는데 불가피한 사정보다는 실패해서 나가는 경우가 대부분이다. 역세권 주위는 항상 번화한다. 겉만 봐서는 장사가 잘 되는지 안 되는지를 파악하기 어렵다. 상권이 넓어질 확실한 이유가 없다면 한 번 더 생각해야 한다.

🔳 4차선 이상의 도로가 있다

4차선 이상의 도로는 상권을 분할시키는 경우가 많다. 상권의 흐름을 끊는 장애요인으로 작용하는 것이다. 따라서 상권 자체가 활성화 되지 못하고 한쪽 도로변은 손님이 머물지 않는 '흐르는 자리'가 되기 쉽다. 이러한 곳은 치밀한 상권 분석이 요구되므로 예비 창업자들은 피하는 것이 상책이다. 서울 시내 대부분의 역세권은 유동인구가 많아 점포마다 비싼 권리금이 있지만 드물게나마 역세권에서도 좋지 않은 입지가 있다는 것을 간과해선 안 된다.

🔲 유동인구가 그냥 지나친다

유동인구는 많을수록 좋다. 그러나 그냥 지나가는 사람뿐이라면 그 수가 아무리 많아도 무용지물(?)이다. 그냥 지나친다는 것은 그만큼 보행 속도가 빠르다는 것을 의미하는데, 이런 유동인구는 대부분 인근 거주자로 귀가를 서두르는 직장인과 학생들인 경우가 많다. 이런 자리가 바로 '흐르는 자리'이다.

또한 '모이는 자리'에 비해 상권이 현저히 떨어지고 투자 대비 수익률도 낮다. 그럼에도 보통 역 앞의 점포비는 거의 차이가 나지 않는다. 어떤 점포를 선택해야 하는지는 불 보듯 뻔하다.

하지만 주택가 대로변의 경우에는 역세권과는 상황이 다르다. 4차선 이상의 반대쪽 대로변인 '모이는 자리'와 '흐르는 자리'는 엄청난 차이가 난다. 흐르는 자리의 임대료와 보증금은 모이는 자리의 60% 수준이지만 선택하지 않는 게 낫다.

🔲 주변 점포가 기술 위주이거나 저가 상품의 업종이 많다

주변 점포가 기술 위주의 업종세탁소, 지물포, 표구점, 세차장 등이 있는 곳은 입지가 좋지 않다. 일반적으로 아파트 단지 내 상가나 주택가 상권의 C급지에 이런 업종이 분포되어 있다.

또한 저가 상품 위주인 곳은 그 지역이나 상권의 소득과 소비 수준이 매우 낮다는 것을 의미한다. 이것은 가격할인 전략을 세워 다른 점포와의 가격 경쟁력에서 우위를 점하려는 저가 할인 매장과는 다르다. 또한 중·하층 거주 지역이 상권이 좋다는 것과도 다른 의미이다. 저가 상품 비중이 너무 높다면 상권 전체의 소비 수준을 반영하고 있기 때문에 실패할 위험이 크다.

📱 업종이나 주인이 너무 자주 바뀐다

업종이 자주 바뀐다는 것은 어떤 것을 해도 안 된다는 증거다. 점포를 내놓는 사람은 개인적인 사정을 내세우지만 사실은 장사가 안되기 때문이라고 보면 된다. 어떻게 해서든지 손해 보지 않고 빠져나가려는 것이다. 그러다 보니 사람을 속이고 그 사람이 또 다른 사람을 속이는 악순환이 거듭된다. 이런 곳에 들어갈 바엔 차라리 사업을 하지 않는 것이 좋다.

📱 점포의 전면이 좁고 간판 설치가 어렵다

건물의 전면과 간판은 많이 노출되면 될수록 좋다. 점포의 간판은 사람의 첫인상과도 같다. 간판은 고객과의 첫 만나는 점이며 구매를 하게 만드는 1차 조건이다. 또한 점포의 전면과 간판은 상호와 함께 최초이자 최고의 홍보 수단이다.

📱 상가의 연속성이 끊긴다

상가의 연속성이란 각종 점포가 줄지어 있는 것을 말한다. 그런데 주차장이나 세차장, 이삿짐센터, 경정비센터가 있으면 연속성이 끊기게 된다. 손님들이 차례차례 상가를 구경하다가 이러한 점포가 나오면 계속 앞으로 나가지 않고 되돌아간다. 그런 곳에 있는 상가에서는 유동인구가 급격히 감소한다. 달리 설명하면 이삿짐센터나 카센터 등은 월세가 싼 곳에 입점해도 무방한 업종이며, 유동인구가 많으면 오히려 사업에 지장을 받는다. 따라서 그런 업종이 그 곳에 있다는 것은 곧 유동인구가 적다는 것을 반증하는 것이다.

이 밖에도 주변에 공터가 있거나 막다른 골목 끝, 300~500m에 인근에 대형 유통시설이 있는 곳, 권리금 없는 점포, 건물주가 장사하는 곳, 보도 폭이 좁은 곳 등은 좋은 입지라고 할 수 없다.

19 노래연습장 관련 법규, 모르면 손해다

how to
입지 선정이 결정되었을 경우 곧바로 시설설비에 들어가게 되는데 이때 먼저 알아두어야 할 법 상식은 바로 소방법과 건축법이다. 예비 창업자는 소방법에 대해 대체적으로 숙지해야 하고 간단한 용어 정도는 알아두면 도움 된다.

●●● 예비 창업자가 노래연습장 시설을 설치할 때 신경을 써야 하는 부분 중의 하나가 바로 시설 설비에 적용되는 건축법 관련 상식이다. 관련 법에 대한 상식을 어느 정도 알고 나면 노래연습장 인테리어 시공할 때 많은 도움이 된다. 다만 노래연습장의 경우 지하층에 위치할 경우가 많으므로 비상구 관련 부분에 수의해야 한다.

노래연습장은 다중이 이용하는 시설인 만큼 갖추어야 할 설비가 많이 있다는 점을 유의해야 한다. 특별히 노래연습장 업주가 꼭 알아야 할 점은 '음반·비디오물 및 게임물에 관한 법률 시행규칙 시설기준(제5조 관련)'에 따른 연소자실의 시설기준이다. 연소자실의 시설기준에 적합하게 설비하고 등록해야 청소년 고객을 받을 수 있기 때문이다.

| 시설기준 관련 |

■ 통로의 너비는 1m 이상이어야 한다.
■ 칸막이인 경우에는 통로를 접한 1면에는 바닥으로부터 1m(또는 0.8m) 이상

부분에 1㎡ 이상의 투명 유리창을 설치하여 외부에서 훤히 볼 수 있도록 하여야 한다.

■ 청소년실을 설치하는 경우에는 업주가 잘 볼 수 있는 곳에 배치하되, 통로를 접한 1면에는 바닥으로부터 1m 이상~2m 이하(또는 0.8m 이상~1.8m 이하) 부분에 2분의1 이상의 면적을 투명 유리창으로 설치하여야 한다.

■ 노래연습장 출입구에는 '연소자 출입가능 업소' 표시판을 연소자실 출입문에 부착하여야 한다.

| 조명시설 관련 |

■ 우주볼mirror ball, 천장에 공 또는 타원형의 표면에 거울조각을 많이 부착하여 회전시키면서 강력한 빛을 비춰 그 반사광을 이용하는 조명기구 외에 유색 조명 등의 특수 조명시설을 설치하여서는 아니된다.

■ 바닥으로부터 85㎝ 높이의 조도가 30lux(연소자실의 경우에는 40lux) 이상이 되도록 하여야 한다.

| 비상시설 관련 |

■ 지하층 및 3층 이상의 경우 사농환기시설 및 비상계단을 설치하여야 한다. 다만, 3층 이상인 경우에는 비상계단에 갈음하여 소방시설 설치 유지 및 안전관리에 관한 법률 시행령 별표 제3호의 규정에 의한 피난설비를 설치할 수 있다.

■ 전 층에는 주 출입구 외에 너비 1.2m 이상의 비상구를 1개 설치하여야 한다.

| 시설구획 관련 |

■ 식품위생법상의 식품접객 업소와 완전히 구획되어야 하며, 타 영업장과 별도의 출입문을 설치하여야 한다.

| 방음시설 관련 |

■ 영업자는 영업장에 방음시설을 하여 영업장 내부의 노래 소리 등이 영업장 외부의 생활에 방해되지 아니하도록 하여야 한다.

| 광고물 설치 관련 |

- 업소 명칭은 "OO노래연습장"으로 하고, 간판에는 등록시의 상호를 표시하여야 한다.
- 노래연습장의 간판을 설치할 경우에는 옥외광고물관리법 시행령에 따라 대부분 허가의 대상이 되는데, 이때 관할 시·도지사에게 허가를 받아야 한다.
- 돌출간판, 옥상간판, 지주이용간판(상단의 높이가 지면으로부터 4m 이상), 애드벌룬, 공공시설물이용 광고물, 교통시설이용 광고물, 비행선을 이용하는 광고물, 선전탑, 아취 광고물은 가능하다.

| 청소년 출입 관련 |

밤 10시 이후 다음날 오전 9시까지 청소년의 출입이 금지된다. 청소년의 범위는 18세 미만이거나 고등학교에 재학 중인 경우를 포함한다. 19세 이상이라 하더라도 고등학교에 재학 중인 경우에는 청소년에 포함된다. 다만, 밤 10시 이후라 하더라도 보호자의 동의가 있다면 출입을 할 수 있다. 보호자의 범위를 자세히 살펴보면 다음과 같다.

- 성인인 친족(배우자, 혈족 및 인척)
- 초·중등교육법에 의한 교원
- 회사에서 운영하는 학교의 교사와 공공법인, 단체에서 운영하는 야간학교의 교사, 청소년 단체의 청소년 지도사
- 법정 후견인과 법정 대리인

따라서 직원은 출입동의서의 진위 여부 확인 절차를 실시해야 한다. 출입동의서를 받았다 하더라도 그 내용이 허위로 작성된 경우는 단속대상이 된다. 출입동의서에 기재하는 사항은 다음과 같다.

- 출입 청소년의 인적사항(성명, 주민등록번호, 주소, 학교 등)
- 부모 또는 감독자의 인적사항

- 출입의 허용일자, 시간, 허용사유
- 보호자의 서명 또는 날인
- 영업자의 확인 여부
- 기타 필요 사항

청소년 출입시간을 위반하여 단속되었을 경우 다음과 같은 처벌을 받게 된다.

- 위반자 및 처벌내용은 1차 적발 시에는 영업정지 10일에 과징금 50만 원이고 2차 적발 시에는 영업정지 1월에 과징금 150만 원이 추징된다. 3차 적발 시에는 영업정지 3월에 과징금 450만 원이며 4차 적발 시에는 영업장을 폐쇄한다.
- 노래연습장 내에서 청소년을 대상으로 하여 술, 담배 등을 판매해서는 안된다. 이를 위반했을 경우 2년 이하의 징역 또는 1,000만 원 미만의 벌금형에 처해진다. 청소년 유해 매체물을 19세 미만자에게 판매, 대여, 배포하거나 시청, 관람, 이용하게 했을 경우는 3년 이하의 징역 또는 2,000만 원 이하의 벌금, 과징금 100만 원에 처해진다.

| 복합 유통업 관련 |

노래연습장과 PC방, 게임방을 하나로 접목한 복합 유통업의 경우에는 다음과 같은 법률적인 부분을 검토하여야 한다.

- 게임물의 등급은 '전체 이용가'와 '18세 이용가' 2개 등급으로 구성된다. 법률 개정 전의 규정에 의하여 '12세 이용가', '15세 이용가' 등급을 부여받은 게임물은 개정 규정에 의해 '전체 이용가'에 해당하는 등급을 부여받은 것으로 본다.

♬ 인·허가 기관

제 출 처	담 당 업 무	제 출 서 류
교육청 보건담당자	학교정화구역〈심의필〉 확인서 발급	– 신청서 1부(관할 교육구청) – 건축물관리대장 1부(구청 지적과) – 토지이용계획원 1통(구청 민원과)
소방서	소방·방화시설완비증 명 발급	– 신청서 1부 – 소방시설설치내역서 – 건축물관리대장 1부
전기 안전공사	전기안전필증 발급	– 전기안전점검확인서(필증)
구청(시청)	〈영업 허가〉 유통관련업등록증 발행	– 등록신청서 1부(관할 구청 문화체육과) – 건축물관리대장 1부 – 임대차(임대한 경우)계약서 사본 1부 – 소방·방화시설완비증명서 1부 – 전기점검확인서 1부 – 영업장 시설 및 설비개요서 1부 – 내부평면도 1부 – 도장 지참 – 영업장의 등기부등본 1부
세무서	사업자등록증 발부	– 1차 필요서류 : 전세계약서 및 건물대장 – 2차 필요서류 : 관할 구청에서 지급 – 사업자등록 신청서 – 사법사의 수빈능녹능본 – 인감도장

📷 관련 법규의 목록

■ 음반·비디오물 및 게임물에 관한 법률과 관련된 시행령, 시행규칙

■ 학교보건법(대학가 제외)

■ 전기안전사업법

■ 소방법

■ 청소년보호법

20 상가건물임대차계약서는 보험증이다

how to
상가건물임대차보호법은 영세 임차인들을 보호하기 위해 2002년 11월부터 시행된 특별법이다. 임차인이 이 법의 보호를 받기 위해서는 먼저 환산보증금이 보호범위 내에 있어야 하고 사업자등록을 한 후 확정일자를 받아야 한다.

●●● 예비 창업자가 상가건물을 구하려면 계약이라는 과정을 거치게 되는데, 계약은 법적 구속력을 가지므로 향후 분쟁이 발생할 때의 주요한 판단기준이 되기 때문에 주의를 기울이지 않으면 손해를 입을 수 있다. 그러므로 가급적 상가건물임대차 계약은 공인중개사들 중산에 누고 하는 것이 바람직하다. 간혹 중개수수료가 아까워서 건물주와 직접 계약을 하는 경우가 종종 있는데 이런 경우 문제 발생 시 보호를 못 받을 우려도 있으므로 주의해야 한다.

만일 권리금이 있는 경우의 임대차 계약에는 점포 사업주임차인간에 체결하는 '권리양도 계약'과 건물주와 신규 임차인 간에 '임대차 계약'을 맺는 두 가지 경우가 있다.

■ 권리양도 계약 시에는 전 임차인(점포 사업주)과 계약을 맺는 것으로, 이는 적정 권리금을 산정하여 이에 대한 금액을 지불하고 특약사항에 양도할 집기 비품명세 및 기타 자산 내용, 인근에서 일정 기간 동일 업종 영업 금지, 계약 조건, 합의사항 위반 시 위약금 등의 내용을 기재한다.

■ 임대차 계약 시에는 점포의 주인(건물주 또는 점포의 분양 주인)과 계약을 맺는 것으로, 사전에 건물이나 토지의 등기부등본, 일반(집합)건축물대장, 도

시계획확인원 등 공부서류를 발급받아 공부상의 내용과 계약서 및 임차 점포의 실제 내용과 일치하는지를 확인하고, 등기부상의 소유주와 계약을 체결하여야 한다. 부득이 대리인과 계약할 때에는 소유주 인감이 날인된 위임장과 인감증명서를 수령, 확인한 후 계약을 체결해야 한다.

>>> **등기부등본** → 해당 지역의 구청 방문, 해당 지역의 구청 홈페이지, 대법원 인터넷등기소(http://www.iros.go.kr)

도시계획확인원 → 해당 지역의 구청(지적과), 인터넷 토지정보서비스(http://lmis.seoul.go.kr), 대한민국전자정부(http://www.egov.go.kr)

건축물대장, 토지대장 → 해당 지역의 구청 방문, 해당 지역의 구청 홈페이지, 인터넷 토지정보서비스(http://lmis.seoul.go.kr)

| 이면계약서는 조심해야 한다 |

이면계약서는 실제 계약의 내용과 계약서의 내용이 다른 것을 의미한다. 주로 임대차 계약 시 임대인이 요구하는 경우가 많다. 임대인의 요구대로 임대차계약서의 금액을 실제와 다르게 작성하는 경우는 물론 불법 행위이다. 그러나 상대적으로 약자 위치에 있는 임차인은 그 요구에 응할 수밖에 없는 경우가 대부분이다. 그런데 이 경우 임대인은 물론 임차인에게도 피해가 가는 경우가 있으므로 조심해야만 한다.

이러한 이면계약서에 의해 세무신고를 하는 경우 혹시나 세무조사에 의해 발각되는 경우 임대인은 허위 신고에 의한 명백한 매출 누락으로 인한 부가세와 소득세 관련하여 가산세 등을 포함한 세금 추징을 감수해야 한다. 임차인의 경우에는 실제 계약금액과 다운계약서 간의 차이 금액만큼 소득세법상의 비용 인정을 포기하게 되는 것으로서 추가적인 세금 부담을 감수하여야만 하는 것이다.

임차인이 부담하는 추가적인 세금 부담은 구체적인 여러 상황에 따라 다르겠지만 그 차이 금액이 월 100만 원 정도라고 가정을 하면 연간 1,200만 원의 비용 인정을 포기하는 것으로 볼 수 있다. 이 금액을 비용으로 처리하지 못한다고 했을 때 그 창업자가 결손이 아니라면 4단계 초과누진세율제도를 택하고 있는 소득세법상 추가적으로 부담해야 하는 비용은 최소 1,056,000원~최대 4,620,000원이 될 수 있다. 따라서 임차인은 이러한 불이익을 당하지 않도록 다음 계약서 요청 시 적절한 대응이 필수적이다.

| 상가건물임대차보호법의 취지를 알아야 한다 |

상가건물임대차보호법은 경제적 약자인 상가건물의 임차인을 보호하기 위한 취지로 만들어진 법률로 주된 내용을 살펴보면 다음과 같다.

- 상가 건물을 인도받고, 사업자등록을 마치면 다음 날 오전 0시부터 대항력이 발생하여 제3자 및 건물의 새로운 양수인에게 대항을 할 수 있다.
- 계약을 하고 사업자등록과 확정일자를 받으면 후순위 근저당권자 등 보다 우선하여 보증금을 변제 받을 수 있다.
- 3개월분의 차임연체, 무단전대, 재건축의 경우 등이 아니면 5년간 임대인은 계약 갱신을 거절할 수 없다.
- 임차인은 최소한 1년의 기간을 보장받고, 그 미만으로 기간을 정해도 임차인은 1년 기간의 보장을 받는다. 다만 임차인이 원할 경우 1년 미만 계약도 가능하다.
- 임대인은 임대료와 보증금의 인상을 100분의 12를 초과할 수 없다.
- 지역별로 제한한 환산보증금 범위에 해당하는 임차인에게는 '환산보증금 = 임대보증금+(월세×100)'로 정하고 있으며, 여기서 중요한 부분은 환산보증금인데 지역별로 일정 금액 이하인 경우에 적용된다는 점이다. 예를 들어 보증금 5,000만 원에 월세가 150만 원이라면 그 환산보증금은 2억 원이 되는 것인데, 이 금액이라면 지역에 따라 상가건물임대차보호법의 대상이 될 수도 있고 아닐 수도 있는 금액이 되는 것이다.
- 임차인이 상가건물임대차보호법의 적용을 받기 위해서는 반드시 사업자등록이 되어 있어야 하므로 사업자등록 신청 시 동시에 확정일자를 반드시 받

아 놓아야 한다. 확정일자는 등기를 해 놓은 것과 같은 효력을 갖게 된다. 이에 따라 임차한 상가 매장이 경매나 공매 등으로 넘어 갈 때 확정일자를 기준으로 보증금을 우선 변제 받을 수 있다(최우선변제권).

■ 대항요건은 '주민등록 전입(사업자등록)+확정일자'이다.

상가건물임대차보호법의 보호 대상과 적용 범위는 다음과 같다

항 목	상가건물임대차보호법
보 호 대 상	개인, 법인
대 항 력	사업자등록
임 차 보 증 금	최고 한도 제한
우 선 변 제 권	확정일자(세무서)
최 우 선 변 제 권	대항요건+배당신청(매각금액 1/3 범위)

지 역		환산보증금
수도권	서울특별시	2억 4,000만 원 이하
	과밀억제권역	1억 9,000만 원 이하
광역시(군 지역과 인천광역시 제외)		1억 5,000만 원 이하
기타 지역		4,000만 원 이하

우선변제받을 수 있는 임차인의 범위와 보증금의 범위는 다음과 같다.

지 역		환산보증금	최우선변제금액
수도권	서울특별시	4,500만 원 이하	1,350만 원까지
	과밀억제권역	3,900만 원 이하	1,170만 원까지
광역시(군 지역과 인천광역시 제외)		3,000만 원 이하	900만 원까지
기타 지역		2,500만 원 이하	750만 원까지

| 상가건물임대차 계약 시에는 다음과 같은 점을 유의해야 한다 |

계약에 앞서 먼저 해당 점포가 노래연습장 허가를 받을 수 있는 점포인지를 확인한다. 그리고 나서 점포의 권리관계를 살펴볼 필요가 있다.

우선 부동산 등기부등본을 떼어 근저당, 저당이 전체 건물시가에서 어느 정도 차지하고 있는지를 파악하거나 도시계획확인원으로 주변 상권에서 발생할 수 있는 상황을 미리 감지하여야 함은 물론 본 건물의 신축이나 개축 예정을 미리 살펴보아야 한다.

다음으로는 점포에 시설 등 인테리어를 하기 위해서는 언제 세입자가 점포를 비워 줄 것인지를 확인해야 하며, 인테리어는 언제부터 할 수 있는 지, 예를 들어 중도금 이후인지, 잔금 이후인지를 미리 알아보아야 한다.

그리고 권리금이 있는 점포는 최초 계약 시, 내부에 있는 시설기자재를 미리 확인하여, 최종 잔금처리 시 부족부분에 대해서 상계처리를 하여야 할 것이다.

🖾 등기부등본을 확인한다

등기부등본은 표제부·갑구·을구로 구성되어 있다. 표제부는 부동산에 대한 일반적인 내용이 표시되어 있고, 갑구에는 부동산의 소유권에 관한 내용, 을구에는 소유권 이외의 권리사항이 표시되어 있다. 다만 집합건물 등기부등본의 경우는 '해당 동의 건물 표시와 대지권의 목적인 토지의 표시'가 있는 표제부가 먼저 나오고, 개별 건물에 해당하는 전유부분의 표제부와 갑구·을구가 표시되어 있다.

참고로 집합건물은 등기부등본을 열람했을 때 '전유부분의 건물의 표시'가 나오는 표제부에 대지권의 표시만 나온다면 별도로 토지 등기부등본을 열람할 필요는 없다. 전유부분에 대지권등기가 되어 있다면, 건물과 토지를 분리해서 매매를 하거나 담보로 제공할 수 없으므로 별도의 확인이 필요하지 않은 것이다.

🖾 계약서상 '특약'란을 잘 활용한다

다음 임차인으로부터 권리금을 받아갈 수 있도록 점포 주인의 조항이라든지, 잔금일에 전세권 또는 임차권 등기를 해준다든지, 적정한 차임증가분 및 계속 재계약 약속 명시라든지, 부속물간판, 창고, 주차장, 화장실 등 이용에 관한 사항 등을 명기해야 한다.

대개의 경우 점포 주인임대인은 협력해 주지 않는 것이 현실이지만, 개인 간의 정이나 그 때 상황에 따라 달라질 수 있으므로 요구하는 것이 좋다.

| 상가건물임대차 계약 때의 확인사항은 다음과 같다 |

점포 계약을 하면서도 아주 작은 부분 때문에 계약이 성사되지 못하는 경우가 있는 데, 미리 미리 살피는 것이 차후에 분쟁을 막을 수 있는 좋은 예방책이다.

- 계약서 작성 시 확인 : 점포 주인 본인과 직접 계약
- 채권 확보 대책 확인 : 공증 또는 전세권 설정 등
- 점포의 궁합 확인 : 위치한 층수와 업종의 상관관계 등
- 점포에 들어가는 자금 규모 확인 : 보증금 및 권리금 등
- 건물의 용도 확인 : 점포 주인의 임대 의도(상업용도, 주택용도) 등
- 목적물 확인 : 점포의 구조, 건물의 노후 상태, 출입문의 방향 등
- 세부내용 확인 : 중도해약 조건, 권리금의 양도여부, 건물 하자의 보수 조건, 계약 갱신 조건 등

21 인테리어할 때 이 정도는 고려한다

how to
노래연습장 창업 시 최소 수천만 원에서 수억 원에 달하는 인테리어 투자 비용은 노래연습장 창업의 가장 큰 걸림돌인 초기 투자 부담을 가중시키는 가장 큰 원인이다. 때문에 인테리어 시공을 성공적으로 할 경우 투자 부담을 크게 줄일 수 있다.

●●● 사업 계획의 수립에 따른 초기 인테리어 콘셉트의 설정에 맞춘 시공이 매우 중요하다. 특히 노래연습장의 경우 여러 가지 적용되는 법적 기준이 까다로운데 전기시설과 환풍시설, 그리고 소방시설 부분이 이에 해당된다.

특히 소방시설 무분의 시공이 잘못되면 허가를 얻지 못할 뿐만 아니라 인테리어시설을 철거하여 다시 시공할 수도 있어 노래연습장 창업자의 경우에 이로 인해 발생되는 경제적 손실이 너무 커 창업조차도 이르지 못하는 매우 치명적인 실수가 될 수도 있다. 따라서 독립 점포의 경우에는 인테리어 시공업자가 법적 기준에 적합한 시공을 하는지 인테리어 콘셉트에 맞추어 정확하게 하는지에 대한 시공 상태를 일일이 점검해 나가는 것이 중요하다.

잘못된 인테리어 시공은 투자 부담만 떠안은 채 돌이킬 수 없는 실패로 직결된다. 그렇다면 합리적인 인테리어 시공의 비결은 무엇인가? 정답을 간단하게 축약한다면 업주들의 노력에 달렸다고 할 수 있다. 인테리어 시공에 앞서 많은 업소를 접해보고, 어렵더라도 전문 서적 등을 통해 기초적인 상식을 습득하는 적극적인 자세가 필요하다.

현재는 많이 개선되고 있지만 최근까지도 '모르면 당한다'는 말이 일반적으로 통용될 정도로 체제가 없었던 것이 사실이다. 인테리어를 시공한 수많은 노래연습장 업소 중에는 평당 마진이 1백만 원에 가까운 것으로 예측되는 심각한 바가지 시공 사례를 접하게 되는 경우가 있는가 하면 가장 저렴한 투자로 고가 인테리어 못지않은 완성도 높은 디자인을 선보이는 사례도 있었다. 즉 순간의 선택이 투자비용과 향후 업소의 경쟁력을 좌우하는 것이다.

영업 경험이 풍부한 업주들의 경우 비교적 무난하게 인테리어 시공을 하고 있지만 예비 창업자들의 경우 경험이 전무하기 때문에 비양심적인 시공업체들의 상술에 휘말리거나 주변의 잘못된 조언에 이끌려 낭패를 보는 경우가 많다.

우선 예비 창업자들에게 가장 필요한 조언이 될 수 있는 일반적인 노래연습장 인테리어의 시공 견적을 소개한다.

보통 노래연습장의 시공 견적은 간판과 소파를 제외하고 최저 평당 70만 원부터 200만 원 정도가 일반적이다. 평당 150~200만 원 정도의 견적으로 시공되는 사례를 고가, 100~150만 원 정도를 중가, 1백만 원 이하를 저가로 구분한다.

고가 인테리어 시공 사례의 경우 최근 노래연습장의 수익성이 떨어지면서 인기가 떨어지고 있다. 반면 고가 인테리어에 근접한 수준의 중가 인테리어들이 경쟁적으로 소개되면서 최근에는 평당 120만 원 정도의 중가 인테리어가 각광 받고 있다.

최근 소개되고 있는 합리적 가격대의 중가 인테리어들은 상당한 수준인 것으로 평가된다. 그러나 시공업체의 수준에 따라 디자인의 완성도가 천차만별이기 때문에 되도록 많은 견적을 받아보고 실제 시공업체가 디자인한 모델을 직접 확인하는 것이 바람직하다.

이런 경우 시공업체가 제시하는 사진 등 자료집에 의존하기보다 반드시 직접 모델 업소를 확인해야 한다. 가장 우수한 시공업체를 선택하는 방법은 한 곳의 모델 업소라도 더 둘러보는 등 업주의 다리품에 달려 있다고 할 수 있다.

참고로 평당 견적이 150만 원 이상이면 바가지 시공을 의심할 필요가 있다. 예전 같지 않은 노래연습장의 수익성을 감안할 때 인테리어 비용만 평당 150만 원 이상을 투자하는 것 자체가 바람직하지 않고 '평당 150만 원 이상 투자되는 인테리어는 화려함을 넘어서 거의 호화로운 수준이라는 점을 감안할 때 시공업체의 디자인 수준을 면밀히 관찰한 후 바가지 시공 여부를 확인할 필요가 있다'는 게 공신력 있는 인테리어 시공업체의 공통된 주장이다.

결론적으로 시공업체를 선택할 경우 평당 100~130만 원 정도면 충분한 시선 경쟁력을 갖출 수 있고, 잘만 선택하면 대형·고급 업소들과 비교해도 뒤쳐지지 않는 시설 경쟁력을 확보할 수 있다. 이밖에도 투자 여력이 부족해 소규모 창업을 고려하는 경우 또한 평당 80~90만 원 정도의 투자로 깔끔하게 시공하는 인테리어 업체들이 다수 있다는 점을 알려둔다.

| 인테리어 시 프랜차이즈 가맹점과 독립 점포는 뭐가 다른가 |

프랜차이즈 가맹점 창업의 경우에는 본사에서 통일된 인테리어 콘셉트로 작업을 해주므로 큰 문제가 없지만, 독립 점포 창업의 경우에는 인테리어 구성에 대해 많은 신경을 써야 한다. 물론 자신의 취향이나 지역적 특성에 맞는 인테리어 구성을 할 수 있다는 장점도 있으나 자신이 모든 것을 다 해야 한다는 큰 부담은 지울 수 없다.

창업자 본인이 인테리어에 대한 지식이 있다면 그나마 다행이다. 그리고 친한 지인이 인테리어 업계에 있으면 더 많은 도움을 받을 수 있을 것이다. 어떠한 형태로 창업을 하던 간에 노래연습장은 밝고 산뜻한 느낌이 있어야 한다. 예를 들어 연두나 노랑, 오렌지 계통을 선호하는 것도 이러한 이유 때문이다.

프랜차이즈 가맹점 창업의 경우는 비용이 독립 점포에 비해 많이 들어간다고 보면 된다. 기본적인 가맹본사의 마진을 고려해야 하기 때문이다.

| 인테리어할 때의 고려사항은 다음과 같다 |

점포 인테리어를 할 때 반드시 고려해야 할 조건들이 있다. 브랜드 가치를 높이는 디자인 콘셉트와 해당 상권과의 연관성, 점포의 청결성 확보, 내·외부 조명 등이다.

브랜드 가치를 최대한 활용한나

간판의 로고Log와 네이밍Naming은 점포의 얼굴이나 마찬가지다. 점포를 알리는 최일선에 있는 것이다. 가급적 전문 디자이너에게 의뢰하여 제작하는 것이 좋고 노래연습장에 맞는 로고를 만들어 간판, 유니폼, 명함 등에 사용하여 전문성을 높이는 전략이 필요하다. 그리고 홍보나 광고할 때 지속적으로 동일한 로고를 사용한다면 고객으로 하여금 인지도를 높이는데 큰 효과를 얻을 수 있고 이는 매출액 증가로 이어져 순이익을 높이는 성과를 얻을 수 있다.

지역 상권에 맞는 콘셉트를 도출한다

프랜차이즈 가맹점 창업의 경우에는 지역 상권에 맞는 인테리어 콘셉트를 도출하기 어렵다. 왜냐하면 모든 가맹점이 통일된 콘셉트를 유지하기 때문이다. 하지만 독립 점포일 경우에는 다르다. 따라서 해당 지역의 상권이 역세권, 아파트 단지 상권, 주택가 상권, 오피스가 상권 등에 따라 점포 분위기를 달리 할 수 있다. 또한 해당 상권의 주요 고객의 연령층이나 성별에 따라 점포 이미지를 다르게 할 수 있다.

실내의 공기도 고객을 위해 존재한다

노래연습장을 이용하는 고객의 대기 장소는 흡연 구역을 별도로 설정하여 점포 내의 공기를 맑게 할 필요가 있다. 점포를 구성할 때 일반적으로 배기만을 신경 쓰고 흡기는 소홀히 하는 경향이 있다. 나가는 공기가 있다면 들어오는 공기도 있어야 한다. 반드시 설계를 할 때 배기와 흡기를 동일한 조건으로 설치하도록 한다. 또한 요즘 유행하는 산소 발생기를 룸마다 설치하여 산소 공급뿐만 아니라 습도도 일정하게 유지하도록 한다.

조명에 의해 재구성된다

빛은 많은 변화를 연출한다. 어느 방향으로 비추느냐, 어떤 색의 조명을 쓰느냐에 따라 노래연습장의 이미지를 다양하게 연출할 수 있다. 일반적으로 조명은 전체적인 느낌이 통일되어야 하지만, 특정 부분을 강조하기 위해 특수 조명을 설치하기도 한다. 조광기를 설치해 초저녁 시간과 늦은 시간, 눈이나 비가 오는 날, 끝나는 시간 등의 조도를 달리해 분위기를 바꾸어 줄 필요도 있다.

✿조명 연출

●● 온화하고 생동감 있는 공간, 시각적으로 공간 확대의 느낌과 빛에 의해 생기는 그림자 등으로 시각적 메시지를 전달하고 분위기를 형성한다.

✿조명기구

●● 휴게실과 복도, 대형룸에 다양한 조명을 설치하여 빛이 반사되면서 공간에 퍼지면서 낭만적이고 은은한 느낌의 분위기를 연출한다.

✿천정 연출

●● 천장은 바닥과 달리 차지하는 면적이 넓기 때문에 입체감, 색상, 조명 등으로 연출하는 방법에 따라 다양한 분위기로 연출한다.

✿로비 연출

●● 고객이 방을 배정받기 전에 편안하게 기다릴 수 있도록 소품, 의자 등을 배치한다.

✿벽면 연출

●● 화려한 꽃 장식, 여자의 모습 등으로 벽면에 생동감을 주거나 신세대가 좋아할 이미지 등으로 연출한다.

✿룸 연출

●● 각 테마별로 사랑방, 연인방, 단체모임방 등에 맞게 다양한 분위기를 연출한다.

22 레이아웃도 고객을 생각해야 한다

how to
노래연습장의 이미지는 향후 매출액과 바로 직결된다. 인근 점포들에 비하여 촌스러운 간판, 어두운 색상의 외관, 노후한 시설은 매출을 감소시키는 주요 원인이라고 할 수 있다. 특히 현재의 노래연습장은 웬만한 카페보다도 밝고 화려하게 변하고 있다.

●●● 노래연습장을 이용하는 고객층은 이제 노래만 부르려고 가지 않는다. 그래서 노래연습장을 이용하는 층들과 룸마다 분위기가 달라야 한다. 그 결과로 같은 상권에서도 노래연습장의 분위기에 따라서 매출이 크게 달라진다. 고객의 체류시간이 그만큼 길어지기 때문이다.

노래연습장을 창업하기 위해서는 생각보다 많은 것을 준비해야 한다. 상권 및 입지 분석부터 시작하여 개업 이벤트까지 실제 창업을 해본 사람이라면 잘 알겠지만, 머리가 아플 정도로 복잡한 절차를 거친다. 이러한 창업 프로세스를 잘 수행하기 위해서는 단계별 체크리스트를 작성하여 소요기간을 정하고 준비 작업의 우선 순위를 결정하여 수행할 일을 적어 놓아야 한다.

보통 인테리어 비용은 내장재의 사용에 따라 다소 차이는 있으나 평당 150~200만 원 정도를 잡으면 고급으로 할 수 있다. 특히 프랜차이즈 가맹점으로 할 경우에는 대부분 본사에서 정해진 매뉴얼에 따라 시공하는 것이 원칙이다. 가맹본사에서 허용하는 범위 내에서 브랜드 이미지 등을 독창적으로 꾸미기 위해 개인 업체를 활용할 수도 있는데, 인테리어 비용도 저렴하고 A/S를 받기도 수월하다.

인테리어 콘셉트는 업종의 특성을 감안하여 테마에 따라 밝고 산뜻하게 편안함과 중후한 분위기를 느끼도록 룸마다 특성 있게 연출하는 것이 좋다.

인테리어 작업 중 가장 중요한 부분 중의 하나가 매장의 레이아웃 구성이다. 여기서 '매장'이라 함은 고객의 대기 장소와 노래연습장의 룸으로서 고객에게 서비스되는 장소로, 일반적으로 '점포'를 말한다. 일반적으로 점포는 고객이 수시로 드나드는 장소다. 출입문의 위치와 크기, 프론트의 구성과 룸의 청결 상태, 외관 등 세심한 부분까지 신경을 써야 한다. 고객에게 편안함과 고객의 욕구를 충족시킬 수 있는 내부의 레이아웃 못지않게 외관 이미지도 중요하다. 상호, 간판, 외관 인테리어 등을 타 점포와는 차별화시켜 인지도를 높이도록 해야 한다.

| 점포의 외관 |

출입문은 가급적 넓게 하고, 점포 통로도 충분히 확보하여 안정감을 주어야 한다. 외부의 조명시설도 제품을 알리기에 충분하도록 밝게 하는 것이 좋다. 그리고 외관의 색상은 오렌지색 등 밝은 계통이 좋다.

| 간판 |

인테리어 작업 시 무엇보다도 중요한 것은 간판이다. 간판의 이름과 가시성은 고객 접근성을 증가시키고 충동구매를 유도하는데 가장 큰 역할을 한다.

⬛ 간판의 높이

일본 큐슈 예술공과대 사토 마사루 교수의 '보행자의 주시특성에 관한 실험'에 의하면 신호등이나 도로정보 표지판은 운전자 시각 2~3°의 설치_{지상에서 높이 10m 정도}, 앞에 차량이 있는 경우 운전자에게 효과적인 간판의 설치 높이는 건물의 2~3층 높이라고 한다. 그리고 일반 보행자의 경우는 보행 도로 측의 높이 0~5m, 건너편 도로 측의 높이 5~10m 부분이 적당하다. 따라서 5m 이하에서는 보행자에 대해 정보를 표시하고, 5m 이상~10m 이하에서는 건물과 평행으로 도로 측을 향해 표시하는 것이 더 효과적이라고 한다.

⬛ 간판의 글자 수

간판은 원칙적으로 짧은 순간에 최소한의 정보를 전할 필요가 있다. 보통 시점이 머무는 시간은 보행자의 경우 0.2~0.5초, 자동차 운전자의 경우 0.1~0.4초이다. 즉 0.3초 전후로 읽을 수 있는 최대 정보량의 한계는 15자 내외로서 되도록이면 간결하면서 정보 내용을 포함한 5자 내외의 간판명이 좋은 간판이라 할 수 있다.

⬛ 간판의 색채

간판의 색깔을 빨강이나 파랑 등 원색 계열의 색을 사용하여 '튀게' 만들면 더 잘 보일 것이라고 생각하지만 지역에 따라 자신만 튀게 할 경우, 정보 전달에 있어 그리 효과적인 기능을 발휘할 수 없는 곳도 많다. 거리 전체의 경관에 어울려 조화를 이루는 간판이 훨씬 큰 홍보 효과를 거두는 경우가 많다. 따라서 간판을 디자인할 때는 그 지역의 전체 색채를 고려해 이에 어울리는 색깔을 선택해야 한다.

대부분 사람들은 간판과 현관이 보기가 좋아야 건물 내부의 인테리어와 시설이 좋을 것 같다는 생각을 갖는다. 간판은 잘 보이는 위치에 있어야 하며, 현재 간판의 위치가 주 고객의 동선과 연결되어 있지 않다면, 건물주와 상담을 하여 위치를 바꾸어야 한다. 춘하추동 계절별로 어두워지는 시간에 맞춰서 간판을 켜고 끄는 것을 주요 체크사항으로 해놓는다.

🏠 좋은 간판 제작을 위한 8가지 원칙

인상적인 이미지를 갖추기 위해서는 다음과 같은 8가지 원칙이 있어야 한다.

1● 여백의 미를 살리며 호소력 있게 만든다.
2● 색상과 조명이 자극적이지 않으면서 액센트를 준다.
3● 평면에서 탈피해 입체형 기법을 구사한다.
4● 심볼과 픽토그램을 활용해 점포의 특성을 살린다.

5● 건축물의 벽면과 구조체를 배경으로 사용한다.
6● 다양한 재료를 활용한다.
7● 주변 광고물과 통일감을 주면서 개성을 살린다.
8● 건축물의 양식과 요소, 주변 경관과 어울리게 만든다.

| 설비시설 |

전기, 가스, 수도, 공조 시스템 등을 일원화하여 관리하는 것이 좋다.

| 내부 구조 |

노래연습장을 너무 화려하거나 요란하게 디스플레이를 하는 것은 금물이다. 인테리어 상태는 투자한 만큼 효과를 나타낼 수 있으므로 창업 비용 중에서 인테리어 비용을 넉넉하게 책정하는 것이 좋다. 또한 2~3개 업체를 대상으로 견적서를 받아 적당한 업체를 선정하는 것이 좋다. 인테리어 업체가 설계도면을 작성하면 현장 상황과 대조해 본 후 최종 인테리어 방향을 결정한다.

점포 안의 인테리어 작업이 끝나면 디스플레이를 하는데 고객의 동선에 따라 차이를 주어 포인트를 주는 액자, 화분 등으로 디스플레이 효과를 마감하는 것이 좋다.

노래연습장의 도면을 보면서 레이아웃을 이해한다

점포는 오피스가 상권과 주변에 아파트 단지 상권이 복합되어 있는 역세권이며 9층짜리 건물의 4층에 입지하고 있다. 노래연습장 입구는 엘리베이터에서 내리면 바로 복도의 우측이 출입구이며 규모는 65평이다. 먼저 매장의 콘셉트와 설계를 어떻게 했는지 살펴보도록 하겠다.

먼저 매장의 콘셉트 추출이 필요하다. 해당 지역의 고객 분석 결과에 따르면 초저녁에는 아파트와 인근 학교의 학생들과 2차손님으로는 직장인과 젊은층 그리고 늦은 시간까지는 연인들을 대상으로 잡았다. 그러나 6시와 9시 사이에 학생들과 직장인이 집중되어 룸 배정의 문제와 고객 간의 세대 차이로 인한 충돌이 예상되어 같은 시간대에 이들을 모두 수용한다는 것은 사실상 힘든 일이다. 그렇다고 유흥 상권이 아닌 지역에서 특정 타깃을 정하여 고객을 받는다는 것도 한정된 시간대에서 최대한 룸의 회전률을 높여야 하는 상황에서는 모험일 수밖에 없다. 그렇다면 어떻게 고객들을 한 공간에 모두 풀 것인가가 숙제다.

🏠 노래연습장 매장의 구성도와 평면도 예시로 레이아웃을 구상한다

일단 주변이 오피스가 상권임을 감안하여, 직장인들이 일시에 몰려와도 단체를 수용할 수 있도록 ⑧과 같이 큰 룸을 3개 설치하여 단체를 위한 공간을 만들었고 도면에는 나와 있지 않지만 세련되고 중후한 느낌의 인테리어와 독특한 감각의 조명을 배치하여 고객들에게 즐거움을 주고자 했다.

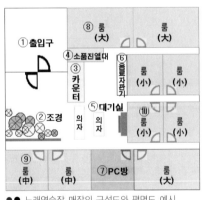
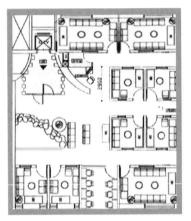

●● 노래연습장 매장의 구성도와 평면도 예시

⑦은 나이 어린 젊은층과 학생층들을 위한 인터넷 PC 공간으로서, PC방을 만들어 같은 시간대에 직장인들과의 분산 수용의 유도 효과와 시간의 효율적인 배분을 하였다.

입구에 들어서면 제일 먼저 고객의 동선을 끌 수 있도록 ②의 실내 조경과 분수대, 공기청정시스템의 설치 등으로 밝고 친환경적이며 건강을 생각하는 자연주의 문화 공간으로 만들었다. 이는 고객의

첫 방문을 실질적인 매출과 연결될 수 있도록 매장의 좋은 이미지를 줄 수 있도록 하였다. 복도의 폭은 고객이 서로 충분히 드나들 수 있도록 1.2m 이상 띄우도록 하였으며 ③의 카운터 아래쪽에는 고객이 맡긴 디지털사진인화 서비스와 고객이 직접 부른 CD 동영상 녹화 서비스를 제공하는 기기를 설치하였다.

④의 소품진열대는 각종 가발과 의상을 준비하여 어린 젊은층과 학생들에게 대여하여 추억과 즐거움을 제공하고자 했다. ⑤의 대기실은 조경과 벽면, 천장이 모두가 자연스럽게 조화되도록 하여 고객들에게 웰빙 휴게 공간으로서 이용되도록 하였으며 대형 PDP TV를 설치하여 기다리는 시간이 지루하지 않도록 하였다.

⑩은 나이 어린 학생층과 연인들을 위한 공간으로 설계되었으며 조명을 은은한 형광 계열로 설치하고 벽면을 오렌지와 연두 계열의 밝은 파스텔 톤으로 분위기를 주어 자연스럽게 자신들의 공간으로 인식되도록 했다.

이처럼 공간을 구성할 때 고객층에 따른 공간 배치와 직원의 동선까지 고려하여야 하며 특히 고객의 다양한 욕구를 충족시켜줄 수 있는 휴게 공간과 놀이 공간 그리고 문화 공간에 대한 특별한 레이아웃이 필요하다.

23 시스템과 음향설비, 집기 선택이 성공률을 높인다

how to
노래연습장 성공의 3가지 요소로 입지, 인테리어, 노래반주시스템으로 꼽을 수 있다. 이러한 3가지 요소 중에서 노래연습장을 이용하는 1차적 목적이 노래를 부르기 위한 목적인만큼 노래반주시스템과 음향설비의 선택이 매우 중요한 부분을 차지하고 있다.

●●● 현재 노래연습장 업계는 시스템의 업그레이드 바람이 강하게 일고 있다. IT기술을 접목한 네트워크 기술의 비약적인 발전은 인터넷을 접목한 아이템들이 침체되어 있던 노래연습장 업계에 새로운 활기를 불어넣고 있다. 네트워크 기능이 포함된 효율적인 중앙관리시스템은 업소 관리 차원뿐만 아니라 지속적인 고객 관리까지 포함하여 '고객 만족을 통한 수익 증가'라는 마케팅 개념까지 포함하고 있다. 효율적인 시스템의 구축은 어디에 있든 PC 한 대로 업소 관리 및 경영을 할 수 있다는 뜻이다.

따라서 노래연습장의 생명은 노래반주기와 음향설비, 그리고 인터넷과 연동되는 네트워크 시설, 그리고 환기와 냉·난방시스템의 구축이다.

| 음향설비시스템 |

경쟁력 강화를 위한 투자의 선행조건은 필수적으로 노래반주기, 앰프, 스피커, 마이크로 구성되는 노래반주시스템의 음향설비에 대한 선택을 제대로 하여야 한다. 독립 점포인 경우에는 미리 관련 업계 전문가들의 자문을 구하여 장비를 구입하고 규모에 따른 최적화된 시스템을 구축하는 것이 매우 중요하다.

🔊 노래반주기

●● 노래반주기와 리모콘 세트의 모델 예시

노래반주기는 초창기에 아싸, 대흥, 엘프 등 여러 업체들이 각기 다양한 특성과 음색으로 출시되었지만 현재는 크게 TJ미디어와 금영이 90% 이상의 시장점유율로 양분된 상황이다.

시중의 노래연습장 업계는 두 업체의 제품을 섞어 사용하는 것이 일반화되어 있다. 회사 선택보다는 기기의 결함을 테스트해본다는 측면에서 업주가 직접 사용해보고 테스트하는 것이 바람직하다. 음향 전문가가 아니라고 기죽을 필요가 전혀 없다. 주위 업소의 환경, 선입관에 구애받지 않고 직접 들어보면서 선택하는 것이 낫다. 아무리 음악 또는 음향에 문외한인 사람도 여러 기기를 같은 조건에서 비교하면 분명히 차이를 느낄 수 있기 때문이다.

업소의 입지 조건, 주요 고객층 등 여건에 따라 요구되는 시스템에는 차이가 있지만 일반적인 선택 기준은 다음과 같다.

노래반주기는 노래반주시스템에서 가장 핵심이 되는 기기이기에 투자 부담이 되더라도 장기적인 안목에서 최신형 노래반주기를 선택하는 것이 바람직하다.

육성 코러스가 지원되는 다채널 입체음향시스템이 요즘 추세다. 가격대는 70~100만 원대에 판매되고 있다.

📷 앰프

●● 앰프의 모델 예시

앰프는 소리의 증폭을 담당하는 기기다. 노래반주기의 신호를 받아 스피커를 작동시키는 기기라 생각하면 이해가 쉽다. 즉 음의 입구와 출구를 잇는 중심적인 존재이기 때문에 노래반주시스템을 효과적으로 운영하기 위해서는 기본적인 작동 요령을 숙지하고 있는 것이 유리하다.

부수적인 기능이 많은 일반 오디오 앰프와는 달리 업소용 앰프는 라인 레벨의 입력을 받아 증폭하는 회로와 전원부, 몇 개의 스위치, 스피커, 프로젝터, 볼륨과 미터 등 주로 소리를 증폭하는데 필요한 요소로 구성되어 있다. 따라서 다른 기기보다 사용자의 조작 부분이 적지만 정확한 기기의 접속과 사용이 이루어져야만 제 성능을 발휘할 수 있다. 출력이 크다고 해서 좋은 소리가 나는 것은 아니므로 업소 구조와 스피커의 능률에 따라 적절한 선택이 필요하다.

또 과입력에 대한 보호회로를 채용하고 있는지 확인이 필요하다. 가격대는 보급형 4채널 제품 기준 20~40만 원대에 거래되고 있으며, 최신 고급형 제품의 경우 50만 원대까지 다양하다.

🔲 스피커

●● 스피커의 모델 예시

스피커의 경우 음향의 최종 출력을 담당하는 만큼 사운드 수준의 절반 이상을 좌우하는 기기이므로 보다 신중한 선택이 요구된다. 특히 업소용 스피커는 장시간 여러 사람에 의해서 구동되는 사용 환경 때문에 신뢰성과 견고성이 요구된다는 점을 감안해야 한다.

일반적으로 노래연습장에 주로 사용되는 8인치 스피커에서 점차 10인치 제품의 비중으로 높아지는 추세이다. 코러스를 지원하는 다채널 입체음향 노래반주기가 기본이므로 한 룸에 2조4대 이상의 스피커를 설치하는 것이 바람직한데 스피커 모델을 선택할 때는 음질과 함께 방향성에 주의를 기울이는 것이 중요하다. 방향성이 좋지 않을 경우 고객들이 한쪽에 몰려 있을 리 없는 업소 여건상 치명적인 약점이 될 수 있다. 방향성을 실험할 때는 저음보다 고음 부분에 더 귀를 기울여보면 쉽게 확인할 수 있다.

스피커는 보급형, 고급형의 분류와 함께 브랜드에 따른 많은 가격 차이가 있다. 일반적인 보급형 제품의 경우 10만 원대인데 비해 유명 브랜드의 경우 30~40만 원대에 거래되고 있다. 최근 60만 원대의 제품까지 출시되는 등 점차 고급화에 발맞춘 제품들의 출시가 증가하고 있다.

| 영상시스템 |

●● 빔 프로젝트 영사기, PDP와 LCD 모니터의 모델 예시

노래연습장의 주 고객층인 청소년 세대를 디지털 영상 세대라고 하는데 시대적 흐름이 노래연습장도 이제는 고품격 영상 디스플레이어가 경쟁력을 좌우하는 중요 요인으로 대두되고 있다.

첨단 영상기기 채용이 급격히 증가하면서 PDP가 그 중심에 서서 영상 혁명을 주도해왔는데 최근 LCD 모니터의 가격 하락으로 PDP보다 화질 면에서 우위에 있는 LCD 모니터가 새롭게 각광받고 있다.

영상시스템을 구입하는데 있어서 중요한 문제 중의 하나가 영상시스템을 설치하려는 곳의 용도에 가장 적합한 시스템을 구축하는 것이다. 공간이나 환경에 따라 구성하려는 시스템이 모두 같을 수 없기 때문에 인테리어 구상에서부터 어떻게 구축할 것인가를 정확하게 먼저 파악해서 설치하여야 한다. 미리 계획을 수립해서 영상시스템을 도입한다면 불필요한 예산 낭비는 막을 수 있다.

한정된 예산을 가지고 영상시스템을 도입할 때 각 장비들의 우선순위를 매겨 우선순위가 높은 것에는 예산의 많은 부분을 차지하게 하고 우선순위가 낮은 것은 예산을 덜 배정해서 영상시스템을 도입한다면, 노래연습장의 실정에 맞는 영상시스템을 구축할 수 있다.

프로젝터

디스플레이 장치 중에서 가장 보편적으로 노래연습장에서 많이 사용되는 장비이다. 프로젝터를 선택하는 기준들은 여러 가지가 있을 수 있지만 보통 안시ANSI(American National Standards Institute), 프로젝터의 밝기를 나타내는 단위를 말한다와 명암비 등을 보고 선택한다. 프로젝터의 안시는 40인치를 기준으로 한 것이기 때문에 가급적 높은 안시의 프로젝터가 효율이 높게 나타난다.

그리고 영상시스템의 최종 결과물이 프로젝터로 출력되기 때문에 예산의 많은 부분을 들여서라도 성능 좋은 프로젝터를 구입하는 것이 좋다.

스크린

좋은 프로젝터를 갖추었다 하더라도 스크린의 선택에 따라 화질의 차이가 있다. 사전에 인테리어 설계 시 벽면을 스크린 보드 장치로 활용할 수 있도록 하는 것이 가장 좋은 방법이다.

다음으로 예산에 맞추어 가장 비싼 부암막 스크린밝은 실내에서도 선명한 영상을 즐길 수 있는 고휘도 스크린을 말한다이나 그 다음 등급의 울트라 원단의 스크린, 좀 더 저렴한 글래스 비드 원단의 스크린, 가장 저렴한 매트화이트 스크린을 사용할 수 있다.

PDP TV

PDP플라스마 디스플레이 패널(Plasma Display Panel) TV는 '벽걸이형 TV'라는 닉네임이 붙을 정도로 얇고 가벼운 것이 특징이다.

대기업들의 패널 경쟁으로 80인치 이상의 제품들이 대거 출시돼 가격이 계속 떨어지고 있다. 42인치 제품 중 HD 방송을 수신할 수 있는 셋톱박스 내장형으로서 제조사별로 차이는 있으나 대략 200~300만 원대 중반까지다.

🖾 LCD TV

브라운관 TV 다음으로 선명한 화질을 제공하는 LCD TV는 최근 기술 발달로 패널 가격이 떨어져 PDP TV와의 가격 차이가 더 좁아지고 있다. 외관상으로 볼 땐 PDP TV와 유사하지만 화질이 더 선명하며 밝은 이미지를 제공한다. 42인치 이상은 대기업 제품을 기준으로 삼을 경우 아직도 가격이 300~400만 원대로 형성돼 있어 일반 소비자가 구매하기는 여전히 부담스럽다.

그러나 PDP TV와 마찬가지로 얇고 가볍기 때문에 20만 원대의 17인치 규모의 LCD를 구입하여 작은 벽걸이를 통해 노래연습장 공간 활용을 극대화할 수 있다.

| 기타 품목 |

🖾 마이크

마이크는 여러 사람의 손을 타는 만큼 여타 음향기기에 비해 상대적으로 파손되기 쉽고 자주 교체해야 하는 번거로움이 따른다. 가격 또한 다른 음향기기에 비해 저렴하기 때문에 소모품이란 인식이 지배적이어서 구입할 때 조목조목 살피지 않는 경우가 많다.

그러나 마이크를 잘못 선택하거나 올바른 사용방법을 지키지 않을 경우 다른 음향시스템이 아무리 우수해도 뛰어난 음질을 기대할 수 없다는 점에서 마이크의 선택과 활용은 매우 중요하다.

일반적으로 노래연습장이나 단란주점 등에 주로 사용되는 형식은 단일 지향성의 다이나믹 마이크로, 별도의 전원이 필요하지 않고 신뢰성이 높다는 장점을 가지고 있다. 소위 '보컬 마이크vocal mike'라고 불린다. 특히 핸드 마이크로서 사용할 경우 손으로 잡았을 때 잡음이 잘 들어가지 않게 되어 있거나 마이크 근처에서 숨소리가 들어가지 않도록 고안되어 있다.

최근 들어 노래연습장의 대형화, 고급화 추세에 따라 내구성이 강하고 감도가 우수한 무선 마이크를 사용하는 사례도 점차 늘고 있다. 하지만 무조건 유행하는 제품만을 선택할 경우 다른 시스템과의 부조화가 발생하여 앰프, 스피커의 성능을 저하시키는 결과까지 초래할 수도 있으므로 전체 음향시스템과 조화되는 제품을 추천받아 사용한다.

📷 리모콘

리모콘은 소모품이고 반주기와 호환되는 세트 개념이라 특별한 조작 방법이나 구매에 대한 부분은 생략하고 기능에 대한 부분만 소개하기로 한다. 현대식 최신 리모콘들의 기능을 살펴보면 버튼을 누를 때마다 재미있는 효과음이나 안내음성이 나와 기계 사용을 잘 모르는 일반 사람도 쉽게 조작할 수 있도록 되어 있다. 이 밖에 다른 기능들을 살펴보면 부르스 메들리, 클럽댄스, 디스코 메들리 등의 돌비 디지털dolby digital, 돌비 연구소에서 개발한 디지털 멀티채널의 사운드 형식을 말한다 메들리 기능, 중·장년층에게 가장 사랑받는 노래 100곡을 엄선해 연대별로 애창곡을 묶은 최신 애창 100선/연대별 애창곡 기능, 리모콘으로 가수 주제 연대별로 검색이 가능한 노래 찾기 기능, 노래를 부르다 게임을 즐길 수 있는 미니게임 기능, 앰프조절 기능 등이 있다. 물론 리모콘이 적용되는 반주기는 해당 리모콘의 생산업체와 동일한 업체일 때만 호환이 가능하다.

| 시설 및 기물, 집기 |

노래연습장에서 고객의 편의를 위한 서비스 상품이라고 할 수 있는 부분이 고객이 앉아서 쉴 수 있는 각 룸의 콘셉트와 고객층에 따른 소파와 탁자, 소품 등의 배치를 마감하여 인테리어의 마지막을 장식한다. 각 룸에 들어간 기물과 소품의 개수를 꼼꼼하게 체크를 하여 기록해 두어야 한다.

노래연습장에는 다양한 소품과 집기가 필요한데 한 번 갖춰놓으면 오랜 기간 동안 사용하고 바꾸기가 힘들기 때문에 자세히 알아보고 구입하는 것이 좋다.

🖼 노래반주시스템 및 설비, 집기 목록

노래연습장의 규모와 인테리어, 아이템의 복합 유형에 따라 필요한 것에는 조금씩 차이가 있지만 일반적으로 노래연습장에서 필수적으로 갖춰야 할 노래반주시스템 및 집기의 목록은 다음과 같다.

품 명	규 격	수 량	품 명	규 격	수 량
노래반주기	5.1채널	8개	전자렌지	중	1개
앰프	5.1채널	8개	공기청정기	소	8개
스피커	600W급	32개	냉·난방기	대	1개
LCD 모니터	17인치	4개	음료자판기	대	2개
PDP	42인치	5개	TV	대형	1개
빔 프로젝터	중급	3개	전화기		2개
카메라(캠)		8개	가발		10개
마이크		20개	선글라스		20개
마이크 줄		20개	가면		10개
마이크 위생커버		10세트	중앙관리기(시간)	코인기	1개
쇼파	3인용	10개	컴퓨터	모니터일체형	4개
브라켓(모니터걸이)		12개	프린터	중급	1개
음향핀볼(조명)		8개	스캐너	중급	1개
화이트볼(조명)		8개	진열냉장고	대형	1개
키보드 리모콘		8개	테이블		14개
곡목집		20권	의자		16개
템버린		16개	산소발생기		12개
DVD 레코더		8대	진공청소기		1개

(50평 규모)

이 밖에도 카페형 노래연습장의 경우에 테이크아웃 바 기기와 컵, 쟁반을 추가로 구비해두고 대기실에서 PC를 이용하는 고객들을 위한 화상카메라헤드셋 포함도 구입해둘 필요가 있다. 기타 청소 도구로 재떨이와 쓰레기통, 걸레와 노래연습장 내부의 유리제품에 손자국이나 얼룩을 제거할 수 있는 융모니터 청소용, 세정제를 준비한다.

| 중고 전문매장을 활용하여 창업 비용을 줄인다 |

인테리어 소품이나 집기류는 중고전문 매장을 이용해서 구매하면 창업 비용을 대폭 줄일 수 있다.

구 분	홈페이지 주소
물물 교환	중고라이프(http://www.junggolife.co.kr)
생활 중고품	하드오프(http://www.hardoff.co.kr)
일본 전통소품	플리마(http://www.fleama.co.kr)
중고/반품	마이피시엔조이(http://www.mypcenjoy.com)
중고	파인드유즈드(http://www.findused.co.kr)
중고 장터	파인드올 중고장터(http://www.findall.co.kr)
	리싸이클시티(http://www.rety.co.kr)
	아름다운 가게(http://www.beautifulstore.org)
	유니즈(http://www.uniz.co.kr)
해외구제 벼룩시장	아자플리마켓(http://www.azacom.com)

24 노래연습장의 인·허가 행정 절차를 숙지한다

how to
우리는 누구나 자유롭게 경제 활동을 할 수 있으며, 창업을 할 때도 대부분의 업종에 대해서는 특별한 규제나 제한 없이 사업을 시작할 수 있다. 그러나 노래연습장의 경우에는 관계 법령에 따라 제한과 규제가 따른다.

●●● 노래연습장은 음반·비디오물 및 게임물에 관한 법률에 의한 유통 관련 업종음반 등의 배급업과 판매업, 비디오물 대여업, 비디오물 시청제공업, 게임제공업, 멀티미디어 문화 컨텐츠 설비제공업, 노래연습장업에 해당하는 영업으로서 관할 구청영업소 소재지의 관할 시장·군수·구청장에 등록이나 신고를 해야 하는 업종이다. 관할 구청의 홈페이지에 게재된 서식을 출력하여 사용하거나 구청 문화공보과에 비치된 신고서 서식의 뒷면 설명서를 참고하여 작성한 후 등록서류를 제출하면 현장 및 서류 확인 등을 거쳐 3일 이내에 처리를 하고 있다.

노래연습장 외에 2종류 이상의 영업을 동일한 장소에서 영위하는 영업을 할 경우에 복합 유통·제공업의 등록 신고를 하여야 한다. 복합 유통·제공업의 시설 기준은 각 영업장은 다른 업종용도의 영업장과 구획하여야 한다. 만일 청소년의 출입이 제한되는 업종의 경우에는 청소년의 출입을 제한할 수 있는 구조를 갖추어야 하며 각 영업장의 시설기준은 각 업종별 시설기준을 따르면 된다. 등록신청서 접수처는 영업소 소재지의 관할 시장·군수·구청장에 하면 된다.

| 사업자등록 |

창업을 위한 사전 준비가 완료되고 창업 주체가 결정되어 사업장이 확보되면 관할 세무서에 사업자등록을 신청한다. 이때 사업자등록은 사업장을 관할하는 세무서에 하는 것이며, 신청할 때는 세법이 요구하는 서류를 제출하여야 한다.

사업자등록증은 기업의 주민등록증과 같은 것이다. 업종이나 규모에 상관없이 사업을 하는 모든 업체는 관할 세무서에서 사업자 등록증을 교부 받아야 한다.

♬ 인·허가 절차 및 관련 기관

제 출 처	담 당 업 무	제 출 서 류
교육청 보건담당자	학교정화구역〈심의필〉 확인서 발급	- 신청서 1부(관할 교육구청) - 건축물관리대장 1부(구청 지적과) - 토지이용계획원 1통(구청 민원과)
소방서	소방·방화시설완비 증명서 발급	- 신청서 1부 - 소방시설설치내역서 - 건축물관리대장 1부
전기 안전공사	전기안전필증 발급	- 전기안전점검확인서(필증)
구청(시청)	〈영업허가〉 유통관련업등록증 발행	- 등록신청서 1부(관할 구청 문화체육과) - 건축물관리대장 1부 - 임대차(임대한 경우)계약서 사본 1부 - 소방·방화시설완비증명서 1부 - 전기점검확인서 1부 - 영업장 시설 및 설비개요서 1부 - 내부평면도 1부 - 도장 지참 - 영업장의 등기부등본 1부
세무서	사업자등록증 발부	- 1차 필요서류 : 전세계약서 및 건물대장 - 2차 필요서류 : 관할 구청에서 지급 - 사업자등록신청서 - 사업자의 주민등록등본 - 인감도장

25 세금과 보험의 노하우가 있어야 한다

how to
사업자는 운영 주체에 따라 개인 사업자와 법인 사업자로 구분된다. 개인 사업자는 특정 개인이 독립적으로 점포를 운영하는 데의 모든 것을 행사하는 사업자를 말한다. 노래연습장은 주로 개인 사업자에 속하는 경우가 많다.

●●● 사업을 하는 사람이라면 세금을 많이 내는 것보다는 적게 내고 싶은 것이 솔직한 심정일 것이다. 그러나 세금을 적게 내기 위한 절세는 어디까지나 법의 테두리 안에서 이루어져야 한다. 조세의 포탈이나 조세 회피와 같은 위법, 부당한 방법을 택하지 않더라도 공명정대하게 납세를 절약할 수 있는 묘책은 있다. 이것이 조세의 절약, 즉 절세이다.

이 장에서는 '적용되는 세금은 무엇이며 어떤 경우에 어떤 세금을 납부하여야 하는지?'에서부터 절세의 첫걸음으로 어떻게 기장하고 결산하며, 어떠한 신고와 납세를 하면 개인 사업자에게 유리한가에 대해서 알아본다.

| 개인 사업자의 분류를 알아본다 |

📇 간이 과세자

직전 1년1월 1일부터 12월 31일까지의 재화와 용역의 공급에 대한 대가, 부가가치세를 포함한 금액이 4,800만 원에 미달하는 개인 사업자 중간이과세의 배제 대상이 아닌 사업을 하는 자로서 세금계산서를 발행할 수 없으며 간이영수증의 발급만 가능하다.

휴업자 및 신규 사업자의 경우는 신고 금액을 12월 사업한 것으로 환산한 금액이 4,800만 원에 미달하는 경우를 말한다. 여기서 '공급 대가'란 사업개시 일에서 해당 년도 12월 31일까지 공급대가의 합계액을 해당 월 수로 나눈 다음 12로 곱하면 산출된다.

만일 간이 과세자가 일반 과세자로 변경되는 경우는 신규과세 기간의 개시 20일전까지 관할 세무서에서 그 사실을 통지해주게 되어 있다. 단, 일반 과세자가 간이 과세자로 변경되는 경우는 통지하지 않는다. 또한 간이 과세자가 일반 과세자에 관한 규정을 적용받기를 원한다면, 그 적용을 받고자 하는 달의 전달 20일까지 '간이과세포기신고서'를 사업장 관할 세무서장에게 제출하면 된다. 간이 과세자 중에서 1과세 기간 6개월의 매출액이 1,200만 원 미만인 경우에는 부가가치세 납부를 면제해 준다.

📷 일반 과세자

부가가치세 과세사업을 하면 일반 과세자로 되는 것이 원칙이다. 일반 과세자는 10%의 세율이 적용되는 반면, 물건 등을 구입하면서 거래징수 당하는 매입세금계산서상의 부가가치세액을 전액 공제받을 수 있고, 세금계산서를 발행할 수 있다.

연간 매출액이 4,800만 원을 초과할 것으로 예상되거나, 간이과세가 배제되는 업종 또는 지역에서 사업을 하고자 하는 경우에는 일반 과세자로 등록을 해야 한다. 간이 과세자가 아닌 자로서 재화와 용역을 공급할 때 세금계산서를 발행하며 이때 공급한 금액의 10%가 매출세액이 된다.

또한 일반 과세자가 재화와 용역을 공급받을 때에 그 공급받은 금액의 10%에 해당하는 금액이 매입세액이 된다.

| 부가가치세의 납부세액을 계산해본다 |

간이 과세자

1년간 재화와 용역의 공급에 대한 대가가 4,800만 원 이하인 개인 사업자인 경우에는 장부의 기장 능력 부족과 부가가치세제에 대한 미숙 등의 이유로 간이과세 제도를 운영하고 있다. 간이 과세자의 납부세액은 다음의 계산식과 같다.

> 납부세액 = (매출세액×업종별 부가가치율)-(매입세액×매입세액 공제율)

자영업의 사업자 중에 간혹 사업자등록을 하지 않고 영업을 하는 경우가 있다. 정부에서는 자영업자에 대한 영업 실태를 정확히 파악하기 위해 올해부터 직원의 인건비까지 신고하도록 하였다.

일반 과세자

사업자가 납부할 부가가치세액은 공급한 재화나 용역에 대한 세액인 매출세액에서 공급받은 재화나 용역에 대한 매입세액을 공제한 세액이 된다.

> 부가가치세액 = 부가가치×세율 부가가치세액
> = (매출액-매입액)×세율 부가가치세액
> = 매출세액-매입세액

매출세액에서 매입세액을 공제한 세액을 '납부세액'이라고도 하고, 매출세액보다 매입세액이 많아서 그 차액만큼 과세 관청으로부터 반환받아야 할 세액을 '환급세액'이라 한다.

| 4대 보험 가입 |

관할 세무서에 사업자등록을 하고 한 명의 직원이라도 고용하면 사업자는 사업장 단위로 관계 법령에 따라 고용보험, 산재보험, 국민건강보험, 국민연금보험 등 4대 사회보험에 가입해야 한다. 다만 직원이 5인 미만이 되는 개인 사업장으로서 전문직 직종이 아닌 일반 직종의 사업장이면 국민연금에는 가입하지 않아도 된다.

사업장 단위로 사회보험에 가입하면 사업주는 보험료를 납부해야 하는데, 보험료는 사업주와 근로자가 나누어서 부담_{산재보험료의 경우 사업주만 부담함}하는 것이며, 근로자가 부담하는 보험료는 사업주가 근로자에게 급여를 지급할 때 원천 공제하여야 한다.

26 개업!
최종 확인한다

how to
개업이란 새집을 짓고 입주하는 것과 같다. 그만큼 준비할 것도 많다. 개업을 하기 전에
미리 한 번 이상 예행연습을 해본다. 먼저 개업식에 초청할 사람들을 선정한 후 기념품과
행사 이벤트를 점검하고 확인한다.

●●● 미리 개업 전에 서비스 차원에서 그리고 홍보 전략 차원에서 고객에게 오랫동안 기억에 남을 수 있고 수시로 이용할만한 기념품을 미리 제작하여 배포하는 것도 좋다. 이 방법은 점포 위치나 전화번호 그리고 특징을 담아 인쇄 또는 제작하는 것이 중요하다.

최근에는 팡파르가 울리고 연예인이 동원되는 등 거대하게 치르는 개업식의 일부가 눈에 띄게 늘어나고 있다. 가까운 친척, 친지, 친구, 직장동료 등을 비롯한 가까운 사람들과의 개업 축하 회식은 가급적 조촐하고 간단하게 치르고, 목표고객들에게 개점 비용을 집중적으로 사용하는 이벤트 전략을 구상하는 것이 좋다.

개업 당일 외에도 목표고객들에게는 일정기간 업소를 홍보할 수 있는 개업 기념품을 제작하여 지속적으로 증정함으로써 업소를 알리는데 많은 투자를 해야 한다. 개업을 위해서는 많든 적든 업소의 존재를 예비고객들에게 알리고 관심을 끌 수 있도록 하는 판매 촉진 활동이 반드시 필요하다.

판매 촉진은 한 사람 이상의 잠재고객에게 업소의 서비스에 관한

정보 제공, 설득, 회상 과정을 통해 우호적 관계를 설정하고 재방문을 유도하려는 활동이며 광고, 홍보, 인적 소개, 매출 촉진의 수단이 모두 포함된다.

| 개업은 언제 하는 것이 좋은가 |

개업은 창업 준비가 끝나고 사업을 시작한다는 신고식이다. 그러나 최근에는 단순히 개막행사 자체로 그치지 않고 이벤트를 통해 마케팅 효과를 최대한 높이는 중요 행사로 자리 잡아 가고 있다.

일기예보를 참고하여 가장 화창한 날씨가 되는 시기를 선정하고, 요일에 각별한 주의를 기울여야 한다. 업종에 따라 휴일이 좋은 업종이 있고 평일이 좋은 업종이 있지만, 노래연습장업은 일반적으로 금요일에서 월요일 사이에 하는 것이 좋다. 이벤트 효과가 가장 큰 요일이기 때문이다.

| 개업 전에는 이런 점을 유의한다 |

🔲 오픈 전 마케팅 전략을 세운다

주로 직원을 채용하고자 하는 광고를 이용하는 방법으로서 매장의 유리창이나 셔터에 구인 광고를 예쁜 서체로 붙여놓는 방법이나 건물 외벽에 현수막을 이용한 방법, 아르바이트나 파트타임의 경우 학교 부근에 광고하여 구인의 목적과 광고의 효과를 동시에 노릴 수 있는 방법들을 다양하게 전략적으로 구사해 본다.

- 현수막은 개업하기 1개월 전후로 관할 구청에서 지정한 현수막 게시대나 업소의 건물 외벽, 점포 주변, 아파트 관리사무소와 협의하여 아파트 입구 등에 부착하여 홍보한다. 이때 점포 둘레에 설치하는 깃발식 현수막도 시각적인 효과가 좋다.
- 전단지 광고는 화려하지도 조잡하지도 않고, 단순하고 깔끔하게 제작하는

것이 좋다. 전단지의 내용은 전화번호, 상호, 심벌, 주요시설 안내, 개업 안내, 위치 안내 등 필수적인 사항을 구성하여 제작한다. 이러한 전단지의 종류는 안내장, 전단지, 할인권, 명함, 스티커 등이 있다.

간판 설치는 최대한 빨리 한다

개업 준비의 순서는 보통 인테리어 공사를 하고 사무집기를 들여놓은 후에 간판을 설치하는 경우가 많다. 하지만 이런 순서로 개업 준비를 하는 것보다는 마케팅을 생각하면서 간판부터 설치한 후에 인테리어 등을 하는 것이 훨씬 현명한 것이다. 처음 노래연습장을 창업하면 별다른 홍보수단이 없는 것이 현실이다. 이런 단점을 극복하기 위한 방법으로 간판부터 설치를 한 후에 홍보에 나서도록 한다. 또한 지역 주민의 입장에서는 발 빠르게 스스로를 홍보하는 노래연습장을 신뢰하는 경우가 많다.

개업 준비 전에 명함을 준비한다

명함은 가장 자그마한 홍보물이지만 노래연습장을 알리는 대표적인 이미지 매개체다. 작은 소품이지만 많은 기능을 내포하고 있으므로 제작하기 전에 신중하게 생각하고 디자인을 하여 돈을 조금 더 투자하더라도 노래연습장 이미지를 돋보일 수 있도록 한다. 받는 순간 지갑으로 들어갈 수 있을 만큼 예쁘고 세련되게 디자인하여 다른 명함과 차별화를 두고 재방문을 유도할 수 있도록 한다.

사무실 약도를 미리 준비한다

창업하는 지역을 잘 모르는 사람이라면 간단한 설명만으로는 정확한 위치를 알지 못한다. 이런 경우를 대비해서 간단한 사무실 약도를 준비해 두고 필요한 사람에게 팩스나 이메일로 보내 주는 것이 좋다. 참고로 사무실 약도는 직접 그리는 것보다 콩나물 http://www.congnamul.com과 같은 인터넷 지도 사이트에서 제공하는 지도를 이용해서 작성하는 것이 좋다.

🎙 주차 도우미도 필요하다

멀리서 개업식에 찾아오는 사람들 대부분은 대중교통보다는 자가용으로 방문하는 경우가 많다. 물론 이런 사람들에게 사무실 약도를 미리 보내주었다면, 노래연습장까지 찾아오는 것은 걱정하지 않아도 된다. 하지만 사람들이 많이 몰리는 점심·저녁 시간의 방문객들은 주차문제로 큰 어려움을 겪을 수도 있다는 것을 미리 예상해야 한다. 만일 개업식 당일을 위해 사무실 인근에 별도의 주차공간을 확보하지 못했다면, 방문객의 차량을 대신 주차시켜 줄 수 있는 주차 도우미를 미리 확보해야 한다.

| 개업식 전에는 리허설이 필수이다 |

최소한 개업식 사흘 전부터는 직원을 출근시켜 접객 교육을 실시하고, 서비스 상품에 대한 숙지 등의 업무를 정리해야 한다.

먼저 리허설을 해 보고 개업식을 하는 것이 좋다. 사전에 리허설을 실시함으로써 방문한 고객들에게 실수를 최소화할 수 있으며 좋은 이미지를 심어 줄 수 있는 이점이 있기 때문이다. 고객이 방문했을 때 편안하고 또렷한 목소리로 손님을 안내하도록 한다. 방문 시와 마찬가지로 손님이 나갈 때에도 친절하게 인사하여 손님과의 친근한 느낌을 주는 등 세심하게 배려한다.

| 개업식 당일에는 실수 없이 진행하도록 한다 |

창업 사실을 가장 효과적으로 알리는 수단으로서 개업 이벤트는 이제 창업의 한 축으로 자리 잡고 있다고 해도 과언이 아니다. 개업의 시기와 이벤트를 할 때 다음과 같은 점을 고려해야 한다.

🪟 개업식은 화려하고 성대할수록 좋다

분위기를 돋울 수 있는 장식, 음악 등의 방법 모두를 사용하고, 이벤트 전문회사의 도움을 받는 것이 체계적이고 효과적이다. 그러나 창업자가 이벤트에 대한 약간의 지식이 있다면 직접 이벤트를 연출하는 것도 바람직할 것이다.

- 소형 업소일 경우 외부는 화려하게 시선을 끄는 방법이 좋고 내부는 단순한 연출이 바람직하다.
- 대형 업소일 경우 스케일이 큰 연출과 깔끔한 분위기 연출, 한눈에 들어올 수 있는 용품 연출이 효과적이다.

🪟 군중 심리를 최대한 이용한다

실내 행사보다 실외 행사가 더 요란하고 이목을 집중시키기에 효과적이다. 또한 음향을 최대한 활용하여 존재를 알리고 분위기를 고조시켜야 한다. 시선을 끌 수 있는 소재를 통해 이목을 집중시키고 행사 분위기에 휩쓸리도록 유도해야 한다.

🪟 이벤트 용품을 효과적으로 활용하여야 한다

고객들의 관심을 불러일으킬 수 있는 품목을 선정하여야 하고 행사 후에도 장기간 활용할 수 있는 품목이면 금상첨화일 것이다. 최근 이벤트 용품으로 풍선 관련 용품을 많이 사용되고 있으며, 그 외에 삼색띠, 부직포, 인쇄물, 소형배너 등 실내 장식용품과 만국기, 바람개비, 회전깃대 등이 있다. 기타 오색천 등 실외용을 활용하기도 한다.

🪟 개업식의 체크 목록을 확인한다

개업식을 앞두고 반드시 점검해야 할 사항들의 목록을 작성해서 일일이 점검해야 한다.

번 호	항 목	그렇다	아니다
1	개업일에 도와줄 가족(도우미)은 확보했는가?		
2	사은품과 명함은 충분히 준비했는가?		
3	개업식을 주변 사람과 지회 사무실에 알렸는가?		
4	추가로 개업 음식을 공급해줄 업체를 섭외했는가?		
5	음료와 건과류, 자판기의 음료 등 초도상품은 구비했는가?		
6	노래연습장 이용료의 적정가격을 표시하였는가?		
7	냉장고 등 노래반주기와 설비는 정상적으로 가동되는가?		
8	CD 제작에 필요한 녹화도구는 완료되었는가?		
9	가발 및 소품은 다양하게 진열해 놓았는가?		
10	컴퓨터와 프린터는 정상적으로 작동하는가?		
11	금전출납기, 신용카드 조회기는 테스트했는가?		
12	개업식에 필요한 개업답례품은 주문이 완료되었나?		
13	전화나 인터넷 개통 등 통신시설은 확인했는가?		
14	실내·외 인테리어 상태는 만족스러운가?		
15	당일 방문객을 위한 주차공간을 마련했는가?		
16	실내·외 청소는 깨끗이 되어 있는가?		
17	직원 교육과 유니폼은 준비되었는가?		
18	간판, 각종 사인물의 전원은 이상이 없는가?		
19	일반적인 점검사항은 모두 확인했는가?		
20	발생할 수 있는 위험요소는 점검했는가?		

| 개업 인사문을 작성한다 |

개업 인사문은 일종의 의례문이다. 그러나 이 통상적인 의례가 지속적인 인간관계를 유지하고, 또 알게 모르게 여러모로 도움을 받는다면, 개업 안내문만으로도 비즈니스의 목적을 달성한 것이고 성공의 디딤돌 역할이 될 것이다. 창업자 자신이나 업소의 이미지를 대변할 수 있으므로 작성할 때 정성과 격식을 갖추어 다음 사항에 유의하여 작성한다.

🔲 간결하고 품위 있게 작성한다

개업 인사문은 문장이 너무 길면 상대방이 지루함을 느끼거나 아예 읽어볼 엄두도 나지 않을 수 있다. 가급적이면 간결하게 전하고자 하는 내용을 작성한다.

🔲 예의범절에 따라 정중하게 예의를 갖추어 작성한다

개업 인사문은 상대방을 불쾌하게 하거나 무언가 석연찮은 기분을 느끼게 해서는 안 된다. 정중하게 자신이 전하고자 하는 내용을 분명히 전하고 하나하나의 문구마다 정성을 다하여 기재하되 상대 입장에서 검토하는 과정을 거친 후 최종 수정·보완하여 발송한다.

🔲 목적과 주된 내용을 빠뜨리지 않아야 한다

개업 인사문은 개업의 목적과 개업일시, 장소, 업종과 상호, 대표자의 성명 및 전화번호와 약도 등을 기재하여 누가, 언제, 어디서, 무엇을, 어떻게 하는지를 명확하게 기재한다.

🔲 시기에 맞게 발송한다

개업 인사문이 개업식 당일에 도착하거나 이후에 도착했다면 상대방에 대해서도 중대한 결례라 할 수 있다. 최소한 행사 1주일 이전에 개업 초대장을 받아 볼 수 있도록 충분한 시간 여유를 두고 명확한 내용을 기재, 작성하여 발송하도록 한다.

| 개업 후에는 개선해야 할 항목을 정리한다 |

창업 과정의 마지막 단계는 사업 개시로서, 창업자가 그동안 준비하고 만든 것을 시장에서 경쟁 점포와 고객들에게 모두 공개되고 실행되는 순간이다. 이제부터는 창업 연습이 아니라 실전에 투입되어 초를 다투는 시장의 경쟁체제로 들어선 것을 의미하는 것이다. 냉엄한 시장 현실을 직시하고 끊임없는 연구와 노력으로 분발해야 한다.

music shop

3

창업 이후에 알아야 할
경영 기법을 매뉴얼화 한다

노래연습장은 최근 웰빙의 바람을 타고 기업화, 고급화, 대형화로 급속도로 진화하고 있다. 따라서 같은 조건으로 기기의 첨단화, 인테리어의 차별화, 창업자의 운영전략이 고객의 취향이나 기호, 니즈의 변화 속도를 따라잡지 못하거나 타 업소에 뒤쳐진다면 시장에서 도태될 수밖에 없다.

27 세팅과 튜닝은 전문가의 자문을 받는 요령이 필요하다

how to
노래연습장의 사운드 수준은 업소의 성패를 가장 직접적으로 좌우하는 중요한 요소다. 입지 조건, 인테리어 시설 등 모든 조건들이 100% 맞아 떨어진다 해도 사운드 시설이 떨어지면 성공을 보장받을 수 없다.

●●● 노래연습장 운영 경험이 있는 업주의 경우라면 별반 문제가 없겠지만, 예비 창업자들이 노래반주시스템을 선택하기란 상당히 어려운 문제다. 음향시스템에 대한 상식이 전무한 상황에서 이론적으로 하루 이틀 공부해 봐야 전혀 도움이 안되는 게 사실이다. 때문에 무조건적으로 설치업자들에게 의존할 수밖에 없는 입장이다. 그러나 이 과정에서 또 한 번 어려움에 봉착하게 될 것이다.

예를 들어 '이 제품이 우수하다', '이런 제품은 성능이 아주 떨어진다', '싼 게 비지떡이다', '요즘은 중저가 제품도 좋다' 는 등 가는 곳마다 조언하는 내용이 다르기 때문에 예비 창업자는 선택은커녕 혼란에 빠져버릴 정도로 심한 스트레스를 받게 된다.

그렇다면 반주시스템 세팅setting과 튜닝tuning, 악기의 음을 표준음에 맞추어 고름의 정답은 무엇인가? 결론적으로 정답은 없다. 듣는 사람의 취향에 따라 정답이 다르기 때문이다. 설치업체의 경우 소비자, 특히 예비 창업자들에게는 마진이 많은 제품을 추천하는 경우가 대부분이고 출시되는 모델 또한 천차만별이기 때문에 각 업체별로 추천 품목이

다를 수밖에 없는 것이다. 따라서 창업자 스스로의 주관적 판단이 필요하다.

또한 최근에 출시되는 제품들은 성능이 상당히 개선된 제품들이기 때문에 아마추어들이 즐기는 노래연습장에서 사용하기에는 부족함이 없다. 가격 또한 설치업체들 간의 경쟁이 치열하기 때문에 몇 곳 정도의 견적만 비교해도 피해를 보지 않고 선택할 수 있을 것이다

예비 창업자들이 직접 시스템을 세팅하는 경우에 필요한 몇 가지 요령을 정리하면 다음과 같다.

| 사운드 수준은 노래반주기가 좌우하지 않는다 |

예비 창업자들의 대다수가 노래반주기가 업소의 사운드 수준을 좌우하는 것으로 알고 있다. 그러나 사운드 수준을 좌우하는 것은 노래반주기가 아니라 노래반주기를 포함한 앰프, 스피커, 마이크 등 전체 시스템의 효율적인 세팅과 튜닝에 달려 있는 것이다. 때문에 반주기 선택은 오히려 용이하다. 예를 들어 최근 가장 인기를 끌고 있는 최고의 반주기 모델일지라도 품질이 떨어지는 앰프나 스피커와 세팅할 경우 무용지물이 된다고 생각하면 이해가 빠르다. 실제로 'TJ미디어, 금영, 대흥, 아싸 등 주요 반주기회사에서 많은 제품들이 출시되고 있지만 사실상 성능의 차이는 크지 않다' 는 게 전문가들의 조언이다.

성능 차이보다 미디MIDI(Musical Instrument Digital Interface), 악기들을 디지털 방식으로 연결되어 사용하는 것을 말한다음악을 만든 전문가들의 취향, 즉 음악 취향이나 특성의 차이에 있다고 보면 정확하다. 때문에 듣는 사람이 선호하는 취향에 따라 평가가 엇갈릴 수 있다.

그러나 내구성의 차이가 분명 존재하기 때문에 제품을 구입할 때는 내구성이 좋은 제품을 선택하도록 한다.

| 튼실한 중저가 제품을 눈여겨보면 성공이 보인다 |

노래반주기는 물론 스피커, 앰프, 마이크 등 주변기기까지 최근에는 다양한 중저가 제품들이 소개되고 있다. 노래반주시스템의 경우 투자한 만큼 좋은 소리가 나오는 것이 사실이지만 노래연습장의 사업성을 고려할 때 무분별한 투자는 최악의 경우 화를 부를 소지가 있다.

따라서 노래연습장의 경우 아마추어들이 오락 공간으로 즐기는 곳이기 때문에 성능이 우수한 중저가 제품들을 효과적으로 세팅할 경우 투자비도 절감하고, 만족스러운 사운드 출력도 가능한 일석이조의 효과를 거둘 수 있다.

특히 최근에는 국산 제품들의 성능이 크게 개선되어 각 생산업체마다 성능이 우수한 중저가 제품들이 출시하고 있기 때문에 선택의 폭 또한 넓다. 예를 들어 룸이 8실일 경우 2~3실 정도의 특실이나 대형룸에 비교적 고가의 시스템을 설치하고 나머지 룸에는 중저가 시스템으로 세팅하면 무난하다.

| 반주기보다 중요한 게 스피커다 |

스피커는 사운드를 최종적으로 출력하는 핵심적인 기기다. 스피커는 투자한 만큼 업소의 사운드 수준을 끌어 올려주기 때문에 다른 부분에서 투자를 줄이더라도 스피커만큼은 우수한 제품을 선택하는 것이 바람직하다. 스피커의 경우 1조당2개 가격에 10만 원대부터 수백만 원까지 성능이나 가격이 천차만별이기 때문에 선택에 어려움이 따르겠지만, 일반적으로 비싼 스피커는 그만큼의 값어치를 한다고 보면 정확하다.

그러나 상업 공간인 노래연습장에서는 조당 20만 원 전후의 제품이면 무난한 성능을 발휘한다. 단, 투자 여력이 있거나 대형 업소의 경우라면 잘 알려진 외국산 브랜드에서 출시한 제품 중 가라오케 전용으로 개발됐거나 국산 브랜드 중 상위 모델을 고려해 보는 것도 좋다.

| 무조건 4채널시스템을 구축해야 한다 |

각 악기나 음색을 따로 출력하는 4채널시스템은 이제 노래연습장에서 필수적이다. 신규로 창업하는 업소의 대다수가 4채널시스템을 구축하고 있다는 점을 감안할 때 기존 노후 업소와 같은 2채널시스템으로는 사실상 경쟁을 할 수 없다. 특히 젊은층이 수요층을 형성하고 있는 입지라면, 반드시 4채널시스템을 구축해야 한다.

최근에는 중지가 반주기에도 4채널 기능이 있는 경우가 많고, 4채널 전용 앰프나 스피커시스템이 많이 개발됐기 때문에 시스템 구축에 소요되는 투자 부담은 생각보다 크지 않다.

28 나만의 차별화된 광고와 홍보 전략을 세운다

how to
노래연습장 업계는 업소의 인지도와 고객의 이용 빈도가 비례한다는 분석에 따라 업소 수익 증대를 위해 광고와 홍보에 주력해야 한다는 데 입을 모으고 있다. 특히 신규 업소 일수록 업소 인지도를 높이기 위한 홍보에 더욱 심혈을 기울여야 한다.

●●● 업소를 홍보하는 방법은 다양하다. 건물이나 거리에 업소 개업을 알리는 플래카드를 걸거나 전단지 배포, 도우미들을 활용해 이벤트 행사를 개최하는 것 등이 요즘 인기를 끌고 있다. 최근 인터넷을 통한 홍보도 나날이 증가하고 있으며, 손쉽게 홍보할 수 있는 점이 장점으로 부각되고 있다.

다음은 노래연습장의 홍보하는데 있어서 구체적인 방법에 대해 알아보기로 한다.

| 홍보 도우미를 고용한 이벤트 행사 |

주로 개업식 날에 행하는 홍보 이벤트로 노래연습장의 입구에 고운 빛깔의 풍선아치가 세워져 있고 2~3명의 홍보 도우미들이 오가는 사람들에게 전단지와 업소 상호가 찍힌 풍선을 나눠준다. 화려한 풍선아치와 미모의 홍부 도우미를 앞세워 업소를 선전하니 사람들의 시선을 모으기에는 효과 만점이다. 이벤트는 대도시보다 소도시에 위치한 업소에서 효과가 더욱 확실하게 나타난다.

대도시에서는 여러 업체들의 홍보 이벤트 행사가 빈번히 이루어지고 있어 사람들에게 식상한 이미지로 남을 수 있지만 어쩌다 한 번 이벤트 행사가 이루어지는 소도시에서는 특이한 행사로 기억될 수 있다는 이유에서다. 풍선아치는 보통 15~20만 원선 정도이다. 비를 맞지 않는 한 열흘 정도 유지가 가능하다.

홍보 도우미는 이벤트업체를 통해 하루 9시간 정도 고용하게 되는데 1명당 8~10만 원 정도가 지불되며 약 2명 정도 고용하는 것이 적당하다. 기타 옵션이 추가되는 것을 감안할 때 총비용 45만 원선이면 하루 업소 홍보 이벤트 개최가 가능하다.

| 에어아트 간판 홍보 |

요즘 거리를 걷다보면 경쾌한 테크노 리듬에 맞춰 요란한 사이버 의상을 차려입은 도우미들이 지나는 행인들의 발길을 붙잡는 광경을 송송 목격할 수 있다. 마치 백화점 정기할인행사나 박람회를 구경나온 느낌마저 드는 이 행사들은 다름 아닌 노래연습장에서 벌이는 깜짝 이벤트이다. '신장개업'이라는 간판을 내건 노래연습장에서부터 길 한복판에 커다란 '고객 사은 대잔치'라는 플래카드를 내건 이들이 벌이는 이벤트는 다양하고 풍성하기까지 하다.

특히 캐릭터를 이용한 도로변의 에어아트 입·간판의 설치나 신세대를 겨냥한 업소 내·외부의 디스플레이 용품들이 눈에 띄는데, 이 모든 것이 고객을 적극 유치하기 위한 수단으로 이용된다. 대개 이 같은 행사들은 행사용품 제조업체들에게 맡겨지는데, 행사용품 제조업체인 경우 에어라이트를 이용한 간판용 풍선을 디스플레이하거나 에어아치를 이용해 행사를 돋보이게 하고, 행사 전반을 기획·관리하는 역할까지 도맡아 하고 있다.

보통 이 같은 이벤트의 경우 행사기간과 프로그램에 따라 대략 100~300만 원의 경비가 소요되며, 행사에 이용되는 용품들은 대여 및 구입이 가능하다.

이때 제작업체로는 월드팝(http://www.worldpop.co.kr), 에어바이블(http://www.airbible.com) 등이 있다.

♬ **행사용품의 가격 예시**

구 분	가 격	비 고
애드벌룬 데커레이션 6m	15만 원	
만국기 20m	10만 원	별도의 설치비 없음
천장 웨이브 장식 7m	2만 5천 원	
에어팝	40만 원	

| 현수막 |

현수막플래카드을 이용한 광고는 비용상의 이점으로 최근 들어 가장 많이 활용하는 홍보 방법이다. 무분별하게 현수막을 설치하는 것을 방지하기 위하여 각 자치단체별로 공동 게시대를 설치하여 운영하고 있다. 보통 1회10일 게시 기준 3만 원대로 비용은 저렴한 편이며 현수막 제작비도 5만 원 내외로 재활용이 가능하다는 이점이 있다.

시각적인 효과로 개업을 홍보하고 매출을 증대하기 위해 개업 20~30일 전부터 설치하는데 정기적으로 잘 활용하면 높은 효과를 기대할 수 있다. 현수막 설치는 대로 주변에 입지한 점포의 홍보 수단으로 적절하며, 전방 100~300m에 현수막으로 점포 위치를 안내한다.

| 전단지 |

소규모 점포에서 주로 전단지를 가장 많이 활용한다. 업소를 소개하는 사진과 문구를 넣은 전단지를 행인들에게 나눠 주거나 신문 배달과 함께 각 가정으로 배포한다. 이 방법은 개업 시에는 효과적이나 이후에는 선별적으로 실시하는 것이 적합하고 단발성보다는 같은 지역에 2~3회 반복 실시함으로써 각인 효과를 높이는 것이 좋다.

일반적으로 전단지 제작 시 종이사이즈 5×7배판A4용지에 4도컬러 인쇄가 주를 이루고 있다. 보통 A4사이즈 컬러로 단면 인쇄할 경우 1연약 4천매당 드는 비용은 약 24~25만 원선이다.

배포 방법은 신문지국을 통해 배포하는 방법신문간지 활용법이 있다. 신문 속에 삽입돼 배포되는 전단지 종류가 다양하다 보니까 그 속에 묻혀 사람들의 시선을 끌기 어렵고 대다수 버려지기 일쑤다. 차라리 신문지국에서 근무하는 배달 아르바이트 직원을 고용해 집집마다 홍보 전단지만 돌리게 하는 것이 더 효과적일 수 있다. 그러나 이 방법은 통계적으로 볼 때 신문 삽지의 효과는 0.1%인 반면, 직접 배포할 때의 홍보 효과는 1% 이상이라는 통계가 있다. 이에 의하면 전단지 광고의 효과적인 배포 시기는 다음과 같이 나타나고 있다.

- 월별로 보면 12월과 7월이 가장 효과가 뛰어나고 11월, 10월, 4월이 그 다음 순이다.
- 월 중으로 보면 하순이 가장 효과가 뛰어나고 상순, 중순의 순인데 하순에 많은 것은 봉급 생활자들이 대체로 하순경에 봉급을 타기 때문이다.
- 요일별로는 '금·토·일요일'이 효과가 뛰어나고 '수·목·화·월요일'의 순으로 효과가 떨어지고 있다.

| 스티커 및 쿠폰 할인 광고 |

스티커와 쿠폰 할인 광고는 전단지 다음으로 많이 활용하는데 주로 배달 업종에서 활용도가 높다. 최근에는 자석식 스티커 광고가 많이 사용되는데 노래연습장의 경우 시간별 이용가격과 이벤트 날짜와 경품 서비스 등 기본 정보와 부가 서비스 정보를 함께 넣어서 만들면 많은 정보를 알리는 홍보 방법이 될 수 있다.

| 지역 정보지 광고 |

지역 정보지는 일반 아파트 단지를 중심으로 잡지 형태로 배포되는데 주 고객인 주민에게 얼마나 효과적으로 배포되는지를 조사해 봐야 한다.

| 지역 상가 록을 이용한 광고 |

연말이나 연초에 각 지역별로 상가 록상가의 목록을 제작하는 업체가 있는데, 이것을 활용하여 업소를 홍보하는 방법도 큰 효과가 있다. 지역의 상가 전화번호나 주소를 게재하여 지역에 무가로 배포하는 상가 록은 각 가정에서 1부씩 비치하고 있을 정도로 지역 정보지 역할을 톡톡히 하고 있는 간행물이다. 보통 1년에 2번 정도 발행하는 상가 록에 업주가 원하는 사양에 따라 광고를 게재할 수 있다. 사양이 달라짐에 따라 가격도 천차만별이다. 표지에 광고를 게재할 경우 약 40만 원정도의 광고비가 소요된다.

| 인터넷 홍보 |

인터넷이 각광받기 시작하면서 인터넷 홍보에 대한 중요성이 부각되고 있다. 특히 전자상거래의 활성화로 판매자와 소비자의 직거래가 가능해지면서 홍보의 효과를 극대화시킬 수 있다는 점이 검증되기도 했다. 이러한 인터넷 광고와 홍보의 장점은 다음과 같다.

- 한꺼번에 수많은 고객을 대상으로 홍보가 가능하다는 점이다. 특히 전문 업종의 경우에는 대리점 혹은 방송이나 신문지면에 광고하던 방식보다는 고객들이 상주하고 있는 인터넷 사이트를 이용하여, 광고와 홍보에 주력하고 있는 업체들이 많은데, 이는 관련 인터넷 사이트가 실제 고객들의 구매욕을 기존의 오프라인보다 배가시킬 수 있다는 판단에 따른 것이다.
- 시간과 공간의 제약에서 벗어날 수 있다는 점이다. 물류의 유통상 원거리에 거주하는 고객이 필요한 물품을 구입하기 위해서는 직영점 혹은 대리점에 신청한 후 상당한 시일을 기다려야 하는 것이 통상적이었다. 그러나 인터넷 홍보를 통해 판매가 이루어지게 되면 온라인상에서 신청 및 접수가 가능해 발송까지 걸리는 시일이 하루 내지 이틀이면 충분하다.
- 인터넷 홍보는 고객 만족의 극대화를 누릴 수 있다. 판매자는 '고객의 가장 필요로 하는 것이 무엇인가?'를 가장 먼저 소구advertising appeal로서 광고를 고객들에게 전달할 때 그들의 욕구, 필요성, 욕망, 충동 등을 자극하는 표현 방법으로 직접적 소구 방법/간접적 소구 방법, 이성적 소구 방법/감성적 소구 방법 등이 있다해야 하는데, 인터넷 홍보는 일대일의 커뮤니케이션이 가능하기 때문에 소비자의 욕구를 쉽게 파악할 수 있다는 특징을 지닌다. 물론 고객 성향은 설문을 이용한 만족도 조사, 소비 계층의 구분, 홍보를 통한 타사 제품과의 간접비교 등을 통해 제품판매를 현실화시킬 수 있어 고객의 욕구에 맞는 상품을 기획하거나 판매가 가능하다.

| 기타 이벤트 전략 |

대부분 노래연습장의 경우 개업 이벤트 외에는 별다른 이벤트가 없었던 것이 사실이다. 작고 큰 이벤트를 연속 실시하는 것도 고객을 유인하는 하나의 전략이 될 수 있다.

다음은 매일 행사할 수 있는 작은 이벤트의 목록들을 정리해보았다.
- 매일 저녁 동일한 시간대에 룸 번호를 추첨해서 뽑힌 룸에는 그 때까지 모든 이용 시간을 공짜로 해준다. 이 번호 추첨은 분위기가 집중될 수 있도록 휴게실에 다트나 대형룰렛돌아가는 작은 바퀴라는 뜻의 프랑스어에서 유래, 실내에 설비

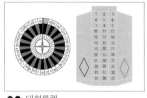

●● 대형룰렛

된 0에서 36까지의 눈금으로 37등분된 정교한 회전원반 가운데에 주사위 1 개를 넣고 굉장히 빠른 속도로 회전시키다가 회전반이 정지했을 때 주사위가 어느 눈금 위에 멎느냐에 행운을 거는 방법이다을 설치하여 반드시 고객 중 한 명이 직접 하도록 하고 직원 중 한 명이 DJ를 진행한다.

■ 매시간 들어오는 고객에게 입장 쿠폰을 제공하여 추첨하여 한 시간 무료 이용권을 증정하거나 음료수를 무료로 제공한다.

■ 입장 후 즉석 복권을 증정하여 점포의 캐릭터 인형 또는 무료 이용권, 할인권 등을 제공한다.

■ 점포 개업 100일에는 '100일 기념 대축제'로 숫자 100과 관련된 증거를 보이는 모든 고객에게는 음료수를 무료로 제공한다.

■ 연말에는 '불우이웃돕기 이벤트'로 '거스름돈 모으기'와 '이용요금의 5%' 등으로 성금을 모은다. 이 성금으로 단골고객과 함께 인근 후원회에 기증하는 이벤트를 마련하고 사진을 단기간 동안 전시하는 것도 좋은 방법이다.

■ 이벤트의 소재는 성년의 날, 어버이날, 어린이날, 크리스마스 등 다양하다. 때에 맞추어 항시 이벤트를 한다면 단골고객이 자주 오더라도 지루하게 느끼지 않을 것이다.

■ VIP고객은 특권을 부여해 예명이 담긴 글귀나 사진이 부착된 전용 룸을 별도로 제공한다.

실내 분위기는 배너나 포스터 외에 움직일 수 있는 것들을 이용해 늘 변화의 느낌을 주도록 하고 대기실 벽면에 게시판을 마련하여 늘 신선한 이벤트들로 가득 차도록 한다.

이렇게 차별화된 이벤트와 서비스 제공을 통하여 고객으로 하여금 그 업소에 가면 언제나 기대와 재미, 흥미로 가득한 공간이 될 수 있도록 한다.

♬ 월별 행사의 이벤트 예시

월	행 사 내 용	휴일 및 절기
1월	– 새해 카드 및 선물 증정 – 새해기념 이벤트	– 1월 1일 신정 – 1월 2일 신년식
2월	– 졸업 시즌 이벤트 – 발렌타인 이벤트	– 2월 10일~2월말 졸업식 – 2월 14일 발렌타인데이
3월	– 화이트데이 이벤트 – 입학 시즌 이벤트	– 3월 3일 입학식 – 3월 14일 화이트데이
4월	– 봄 상품 출시 이벤트 – 환경미화 이벤트	– 4월 5일 식목일, 청명 – 4월 6일 한식 – 4월 8일(음) 부처님 오신날
5월	– 가정의 달 이벤트 – 로즈데이 이벤트 – 성년의 날 이벤트	– 5월 5일 어린이날 – 5월 8일 어버이날 – 5월 14일 로즈데이 – 5월 15일 스승의 날 – 5월 셋째 주 월요일 성년의 날
6월	– 환경의 달 이벤트 – 비오는 날 무지개 이벤트	– 6월 5일 환경의 날 – 6월 6일 현충일
7월	– 여름 상품 출시 이벤트 – 연인의 날 이벤트	– 7월 7일(음) 7월 7석날 – 7월 20일 초복
8월	– 여름마감 이벤트 – 광복절 이벤트	– 8월 9일 말복 – 8월 15일 광복절
9월	– 가을상품 출시 이벤트 – 새학기 맞이 이벤트 – 추석 이벤트	– 8월 15일(음) 추석 명절 – 9월 23일 추분
10월	– 추동 맞이 이벤트	– 10월 3일 개천절
11월	– 겨울상품 출시 이벤트 – 빼빼로 데이 기념일	– 11월 8일 입동 – 11월 11일 빼빼로데이
12월	– 추수감사절 – 송년 사은행사 이벤트 – 성탄절 이벤트	– 11월 셋째주 일요일 추수감사절 – 12월 7일 대설 – 12월 25일 성탄절 – 12월 30일 송년식

| 상권별 광고 및 홍보 전략은 이렇다 |

🔳 역세권의 점포

전철역 또는 버스 정류장 등 역세권에 있는 점포는 주로 퇴근하는 고객이나 유동인구를 상대로 광고와 홍보를 해야 하고 다소 범위가 넓으므로 점포를 알릴 수 있는 사은권 및 즉석식 복권 등을 제공하면 효과를 볼 수 있다.

🔳 오피스가 상권의 점포

사무실이 많은 지역은 직장인들이 주요 공략 대상으로, 고객 변화가 거의 없으며 이용자들의 선택 양태도 거의 변동이 없어 평소에 자주 가는 업소 4~5개를 교대로 이용하는 업소 선택 관행이 있다. 따라서 대형 사무실과 유대 관계를 유지하여 퇴근 후 또는 회식으로 이용하게 하는 전략, 구전 광고 전략이 필요하다.

🔳 주택가/재래시장 상권의 점포

주택가 지역이나 이와 가까운 재래시장 지역에 자리 잡은 점포는 고객의 재방문을 유도하는 홍보가 유리하다. 이런 지역은 대체로 구전 광고가 가장 효과를 볼 수 있으므로 신규고객의 창출과 함께 내점고객에게도 각별한 신경을 써야 한다. 개업 홍보로 기념 사은품, 기념품, 전단지 배포 등이 효과적이며 예약고객을 위한 특별한 서비스 할인 가격 안내 등의 전단지도 필수적이다.

🔳 학원가 상권의 점포

학원가의 젊은층은 경제활동을 하지 않는 단순 소비계층으로 가격, 특히 서비스의 이용 가격과 시간에 민감하기 때문에 무료 쿠폰, 할인 쿠폰을 제공하거나 일정 금액 이상을 이용하면 금액을 보상해 주는 누적 점수제 등이 효과를 볼 수 있다.

29 노래연습장 관련 행정 처분기준을 준수한다

how to

노래연습장 운영과 관련된 법을 위반하게 되면 위반 횟수에 따라 행정처분의 기준도 달라진다. 위반행위를 적발한 날로부터 그 이전의 최근 1년 동안 같은 건으로 관련 법을 어긴 경우에 따라 행정처분의 적용기준이 달라지기 때문에 영업에 지장이 없도록 해야 한다.

●●● 노래연습장을 창업하기 위해 많은 부분에서 연구하고 노력하여 관련 지방자치단체나 기관에서 인 · 허가를 완료하고 창업에 성공하였다 하더라도 노래연습장을 운영하면서 지켜야 할 영업 관련에 따른 법규를 제대로 몰라 노래연습장 간판을 내려야 하는 엄격한 행정처분의 희생양이 될지도 모른다. 예를 들어 청소년이 술입할 수 있는 곳은 카운터 부근에 배치된 투명 유리창과 출입문에 '청소년실' 표시판이 설치된 룸을 이용해야 하는데, 오후시간에 일시적으로 밀려드는 학생들을 수용하여 영업 단속에 걸리면 관련 법에 의거 행정처분으로 10일간 영업정지를 당하게 된다.

따라서 이 장에서 제시하는 행정처분의 기준과 근거법을 이해하여 관련 법규를 몰라 막대한 손실을 초래하는 실수를 저지르지 말아야 한다.

♬ 음반ㆍ비디오물 및 게임물에 관한 법

위 반 사 항	행 정 처 분 기 준			
	1차 위반	2차 위반	3차 위반	4차 위반
법 제32조의 규정에 의한 유통 관련 업자의 준수사항을 위반한 때	법 제39조제1항제5호			
(1) 영업장 안에 화재 또는 안전사고 예방을 위한 조치를 하지 아니한 때	경 고	영업정지 10일	영업정지 20일	영업정지 1월
(2) 게임제공업자가 게임물을 이용하여 도박 그 밖의 사행행위를 하게 하거나 이를 하도록 내버려 둔 때	영업정지 3월	영 업 폐 쇄 등록취소		
(3) 게임제공업자가 문화관광부장관이 정하여 고시하는 종류 외의 경품을 제공하거나 문화관광부 장관이 정하여 고시하는 방법에 의하지 아니하고 경품을 제공한 때	영업정지 1월	영업정지 3월	영 업 폐 쇄 등록취소	
(4) 일반게임장업자가 법 제32조제4호의 규정을 위반한 때				
(가) 전체 이용가 게임물과 18세이용가 게임물을 구분하여 비치ㆍ관리하지 아니한 때	영업정지 10일	영업정지 1월	영 업 정 지 3월	영 업 폐 쇄 등록취소
(나) 18세이용가 게임물의 비치장소에 청소년의 출입금지 표시를 하지 아니한 때	경고	영업정지 10일	영 업 정 지 20일	영 업 정 지 1월
(5) 게임제공업자 또는 멀티미디어 문화컨텐츠 설비제공업자가 법 제32조제5호의 규정에 위반한 때				
(가) 청소년이 이용할 수 있는 게임물 및 컴퓨터설비 등에 음란물차단 프로그램 또는 장치의 설치를 하지 아니한 때	경고	영업정지 10일	영 업 정 지 1월	영 업 정 지 2월
(나) 청소년에게 18세이용가 게임물을 이용할 수 있도록 제공한 때영업 정지	영업정지 1월	영업정지 3월	영 업 폐 쇄 등록취소	
(6) 비디오물 소극장업자ㆍ게임 제공업자ㆍ노래연습장업자 또는 멀티미디어 문화 컨텐츠 설비 제공업자가 법 제32조제6호의 규정에 위반하여 청소년 출입시간 외에 청소년을 출입시킨 때	영업정지 10일	영업정지 1월	영업정지 3월	영 업 폐 쇄 등록취소

위 반 사 항	행 정 처 분 기 준			
	1차 위반	2차 위반	3차 위반	4차 위반
(7) 노래연습장업자 또는 비디오물 감상실업자가 법 제32조제7호의 규정에 위반한 때				
(가) 주류를 판매 또는 제공한 때	영업정지 10일	영업정지 1월	영업정지 3월	영업폐쇄 등록취소
(나) 접대부를 고용·알선하는 행위, 윤락 또는 음란행위를 하게 하거나 이를 알선·제공한 때	영업정지 1월	영업정지 2월	영업폐쇄 등록취소	
(다) 청소년을 접대부로 고용·알선하는 행위, 윤락 또는 음란행위를 하게 하거나 이를 알선·제공한 때	영업정지 3월	영업폐쇄 등록취소		
(8) 법 제32조제8호 및 영 별표 4의 규정에 위반한 때				
(가) 게임제공업자 또는 멀티미디어 문화컨텐츠설비 제공업자가 영 별표 4 제1호 각목의 내용을 포함하는 안내문을 게시하지 아니한 때	경고	영업정지 10일	영업정지 20일	영업정지 1월
(나) 멀티미디어 문화컨텐츠설비 제공업자가 영업장 안에 개별 컴퓨터별로 밀실이나 밀폐된 공간을 설치한 때	경고	영업정지 10일	영업정지 1월	영업정지 3월
(다) 비디오물 감상실업자가 출입자의 연령을 확인하여 청소년의 출입을 금지하여야 할 의무에 위반한 때	영업정지 1월	영업정지 3월	영업폐쇄 등록취소	
(라) 노래연습장업자가 청소년실 외에 청소년을 출입하게 한 때	영업정지 10일	영업정지 20일	영업정지 1월	영업정지 3월
(마) 노래연습장업자가 영업장 안에 주류의 보관 또는 반입을 묵인하거나 호객·유객행위를 한 때	영업정지 10일	영업정지 20일	영업정지 1월	영업정지 3월
(바) 노래연습장업자가 이용자가 사용하는 마이크를 소독하여 덮개를 씌운 상태로 청결하고 안전하게 유지하지 아니한 때	경고	영업정지 10일	영업정지 20일	영업정지 1월
(사) 유통 관련업자가 영업장에 신고증 또는 등록증을 출입자가 쉽게 볼 수 있는 곳에 붙이지 아니한 때	경고	영업정지 10일	영업정지 20일	영업정지 1월
(아) 복합 유통·제공업자가 각 개별영업에 따른 준수사항을 지키지 아니한 때	(개별처분 영업의 준수사항 위반시의 기준에 따름)			

위 반 사 항	행 정 처 분 기 준			
	1차 위반	2차 위반	3차 위반	4차 위반
법 제42조제3항 각호의 1에 해당하는 음반 · 비디오물 · 게임물을 제작 · 유통 · 시청 또는 이용에 제공하거나 이를 위하여 진열 · 보관한 때	법 제39조제1항제6호			
(1) 법 제42조제3항 각호의 1에 해당하는 음반 · 비디오물 · 게임물을 제작한 때	영업정지 3월	영업폐쇄 등록취소		
(2) 법 제42조제3항 각호의 1에 해당하는 음반 · 비디오물 · 게임물을 유통한 때				
(가) 적발수량이 5개 미만인 때	경고	영업정지 10일	영업정지 20일	영업정지 1월
(나) 적발수량이 20개 미만인 때	영업정지 10일	영업정지 1월	영업정지 3월	영업폐쇄 등록취소
(다) 적발수량이 20개 이상인 때	영업정지 1월	영업정지 3월	영업폐쇄 등록취소	
(3) 법 제42조제3항 각호의 1에 해당하는 음반 · 비디오물 · 게임물을 시청 또는 이용에 제공한 때	영업정지 1월	영업정지 3월	영업폐쇄 등록취소	
(4) 법 제42조제3항 각호의 1에 해당하는 음반 · 비디오물 · 게임물을 제작 · 유통 · 시청 또는 이용에 제공하기 위하여 진열 · 보관한 때				
(가) 적발수량이 20개 미만인 때	경고	영업정지 10일	영업정지 1월	영업정지 2월
(나) 적발수량이 20개 이상인 때	영업정지 10일	영업정지 1월	영업정지 2월	영업폐쇄 등록취소

30 시스템 관리는 매출액과 상관관계가 높다

how to
노래연습장의 노래반주시스템은 장시간 사용이 불가피하기 때문에 좋은 상품의 선택이나
고장의 빈도를 줄이기 위해서는 무엇보다 업주의 세심한 주의와 관리가 필요하다. 특히
여러 곳의 시스템 견적서를 받아 보고 적당한 선에서 가격을 협상하는 것이 좋다.

●●● 정기적인 점검을 통해 기기의 이상 유무를 확인하고, 고객
이 이용하는 도중에 이상이 발견되면 신속히 대처해 나가는 것이 사
운드의 질적 경쟁력을 확보하는 것이며 성공적인 영업을 하는데 보
탬이 된다.

먼저 노래연습장에 종사하는 직원이나 업주가 손쉽게 음향시스템
의 이상 유무를 체크할 수 있는 노래반주시스템의 점검요령에 대해
알아본다.

| 노래반주시스템을 다루는 기술은 기본이다 |

노래반주시스템은 고도의 기술이 집약된 음향기기로 일반적인 가
정용 오디오 기기를 다루는 것보다 까다로운 것이 사실이다. 고르기
도 어렵고 설치하기엔 엄두도 나지 않는다. 때문에 노래연습장이나
단란주점 업주들이 세팅과 튜닝에 대해 상당한 부담을 느끼고 아예
시스템에 대해서는 설치업체에 일임하는 경우가 상당히 많다. 게다
가 스스로 판단해 설치하려다가도 설치업체에서 사용하는 전문적인

용어를 듣고 기가 죽어 일언반구도 없이 권유하는 시스템을 그대로 설치하기 일쑤다.

그러나 노래반주시스템은 생각만큼 어렵지는 않다. 또 세팅과 튜닝에는 모범 답안이란 없다. 기초적인 상식을 확실하게 익히고 몇 번의 시행착오를 거치더라도 스스로 정답을 찾아 나가는 것이 설치업체에 모든 것을 의존하는 것보다는 업소의 사운드 수준을 향상시킬 수 있는 방법이다. 기기 선택, 세팅과 튜닝은 내 업소의 사운드 수준은 내가 책임진다는 업주의 마인드만 뒷받침된다면 결코 어려운 일이 아니다.

다음에서 기초부터 중·고급 테크닉까지 노래반주시스템 세팅 및 튜닝 기술의 해법을 알아본다.

| 누구나 쉽게 할 수 있는 세팅은 이렇다 |

노래반주시스템은 노래반주기를 중심으로 한 여타 음향기기의 연결이라 정의할 수 있다. 때문에 각종 기기 세팅은 노래반주기의 타입에 좌우되기 마련이다. 최근 노래반주기 모델은 육성 코러스와 하모니가 지원되는 다채널 입체음향시스템인데 전후좌우의 4출력을 4채널 파워드 믹서 또는 2대의 2채널 파워드 믹서에 연결하고 2조의 스피커로 재생하는 것이 바람직하다.

또 코러스나 하모니 출력 단자가 분리되어 있는 경우는 1대의 파워드 믹서 오디오 입력 3, 4 또는 마이크 입력에 연결해도 되지만4채널 앰프의 경우는 오디오 입력 5, 6 또는 마이크 입력 별도의 2채널 앰프에 연결하고 역시 별도의 스피커 1조를 추가해 재생할 경우 최고의 수준에 사운드를 얻을 수 있다. 이때 2채널 앰프를 추가하는 경우 파워드 믹서 기능을 갖추지 않은 파워 앰프를 사용하더라도 사운드 수준에는 커다란 영향이 없다. 또 다채널 입체음향 노래반주기의 경우 공간감을 최대한 강조하기 위해 출력을 4개의 스피커에 동등하게 배분할 경우 방향감이 희석되는 수도 있기 때문에 초대형 룸 또는 VIP룸의 세팅이라면 일정 방향에 포인트를 주기 위하여 센터 스피커를 또 하나의 보조 앰프에 연결해 사용하는 것도 추천할 만하다. 서브 우퍼sub-woofer, 강력한 저음(베이스)을 강조하기 위한 스피커 종류를 사용하는 것도 사운드 수준을 높일 수 있는 좋은 방법인데 육성 코러스 기능을 강조하기 위해서 중·고역 대역을 커팅하는 크로스 오버를 자체 내장한 제품이 별도의 시스템 추가가 필요 없어 추천할 만하다.

이 밖에 영상시스템을 설치할 때는 반드시 모니터를 스피커와 간격을 두고 설치해야 한다는 점에 주의가 필요하다. 일반적인 노래연습장용에서 모니터는 열을 발산하기 쉽도록 옆면이 트여있는데 자력선의 영향이 차단되지 않아 스피커의 음질이 찌그러지게 된다. 또 스피커 자력선의 영향으로 영상 역시 일그러지거나 변색되는 등 영상과 음향 어느 쪽에도 바람직하지 않다.

| 튜닝의 기초를 알아본다 |

노래반주시스템의 튜닝에는 일정한 공식의 모범답안은 없다. 각 룸의 평 수, 시스템의 특징에 따라 서로 다른 조정이 요구되기 때문이다. 때문에 업주들은 바로 이 어려움을 회피하려고 초기 시공 때 설치업체가 기기 조정을 해 놓은 그대로 몇 달이고 손대지 않는 경우가 많다.

그러나 기기의 컨디션과 사운드에 영향을 미치는 조건은 날씨나 시간별로 다를 수밖에 없고 또 마이크 하나라도 교체한다면 기기 전체의 매칭에 영향을 준다는 점을 고려할 때 바람직한 방법이라고는 할 수 없다. 스스로 몇 번이고 손대보며 가장 어울리는 음을 찾아가는 것이 개업 이후 영업에 막대한 도움을 줄 것이다.

음향 전문가들은 노래연습장 업주들에게 튜닝 테크닉을 익히기 이전에 먼저 노래반주시스템의 튜닝은 시스템의 성능을 공간 특성에 알맞게 효과적으로 발휘시켜 고객들이 가장 쉽고 편안하게 노래를 즐길 수 있도록 하는데 목적이 있다는 점을 명심하라고 권고한다. 기기 자체의 성능을 최대한 발휘시키는 것이 목적이 아니라 고객을 만족시키는 사운드를 창출해 영업력을 극대화하는 것이 목적이라는 점이다.

때문에 극히 화려한 테크닉보다는 모든 기기의 레벨을 0으로 한 상태에서 레벨을 조정하고 그 후 중앙에서부터 세밀한 튠을 조정해 가는 전통적인 방법을 추천한다. 튜닝 위치도 항상 고객 입장에서 가장 유쾌한 소리가 나야 한다는 점을 고려해 기기 앞이 아니라 고객의 위치에서 사운드를 파악하는 것이 필요하다. 또 업소 특성상 유리 벽면으로 인해 밸런스가 깨지기 쉽다는 점에 주의해야 하며 하울링howling, 마이크로 들어간 소리가 앰프로 증폭되어 스피커로 나오고 이 소리가 다시 마이크로 들어가서 또다시 증폭되어 점점 더 소리가 커지게 되는 현상은 영업에도 치명적인 악영향을 미치기 때문에 하울링 차단에 우선순위를 두는 것이 바람직하다. 그 밖에 자신의 귀를 과신하기보다는 연령대 등 계층별로 선호하는 음감이 틀리다는 점을 감안해 주요 고객층의 연령대와 같은 몇몇 사람에게 모니터링을 부탁하는 것이 효과적이다.

| 케이블과 컨넥터는 골라 쓴다 |

음향기기를 연결하는 일은 결코 어렵지 않다. 노래반주시스템에서 세팅·튜닝의 첫걸음은 바로 기기 간의 연결이라 볼 수 있다. 룸 한 곳의 시스템이 동작하지 않는 것을 발견하고 기세 좋게 시스템 케이스를 열었다가도 기기 후면의 복잡한 배선에 지레 겁을 먹기 마련이기에 선 한 가닥이 빠진 경우에도 손수 처리하지 못하고 A/S를 신청하는 웃지 못할 사례도 자주 발생한다. 그러나 노래반주기 및 주변기기의 연결은 결코 어렵지 않다.

현재 시장에 유통되는 대다수 제품은 후면에 어떤 기기로 연결시킬 것인가를 표시하고 있다. 또 잘못 연결하면 기기를 고장 나게 하는 것이 아닐까 하면서 함부로 손대지 않는 업주가 많지만 전원만 확실하게 꺼져 있다면 걱정할 필요는 없다. 용감하게 일단 연결해보고 기기 후면의 표기에 따라 올바르게 연결했는지 꼼꼼하게 확인해 본 후 전원을 켜면 된다.

| 잔고장의 응급처지 요령을 파악한다 |

간단히 저지할 수 있는 단순한 원인에 따른 농삭 이상이 대무문이다 업소에서 노래반주시스템에 동작 이상이 생기면 시스템 전문가가 아닌 한 누구나 당황하기 마련이다. 그러나 노래반주시스템의 동작 이상은 의외로 단순한 원인 때문인 경우가 많다. A/S 센터에 연락하기 전에 간단히 수리할 수 있는 응급처치의 요령은 다음과 같다.

◙ 전원이 들어오지 않는 경우

전원 코드가 빠져있거나 퓨즈fuse가 단선된 경우, 전원부의 전원전압전환 스위치가 잘못 고정되어 있는 경우가 대다수이다. 전원 코드를 콘셉트에 꽂고 정격 용량의 퓨즈를 교체해 보거나 정격 전압에 맞게 전환 스위치를 고정시켜 본다.

📵 소리가 들리지 않는 경우

연주기와 앰프, 앰프와 스피커 사이의 케이블이 잘못 연결되었거나 단선됐을 가능성이 크다. 앰프의 볼륨이 최소에 위치해 있을 수도 있으므로 먼저 앰프의 볼륨을 적당한 위치에 놓은 후 케이블의 연결 단자가 올바른지를 확인해본다. 모든 것이 올바른 경우라면 스피커 유니트가 파손되었을 가능성이 크다.

📵 마이크 음이 들리지 않는 경우

마이크 코드의 단선 및 소켓의 접속 불량이 대다수이며 마이크 볼륨이 최소에 위치해 있거나 콘덴서 마이크의 경우 건전지가 소모되었을 수도 있다. 코드와 소켓, 볼륨부터 확인해본다.

📵 하울링 현상이 발생하는 경우

마이크 볼륨이 너무 높게 되어있거나 마이크와 스피커의 거리가 가깝고 마이크가 스피커 방향으로 된 경우에 발생한 하울링 현상을 없애기 위해서는 다음과 같은 조치를 취하면 된다.

- 마이크의 볼륨을 적당한 위치에 놓고 스피커의 방향을 고객의 주요 동선과 다르게 조정한다.
- 마이크를 가까이 하면 하울링도 줄어들고 음질 역시 크게 개선될 수 있다.
- 사용하지 않는 마이크들의 볼륨이나 전원을 꺼놓는다. 즉 열려진 마이크들은 각각 하울링의 소지를 안고 있기 때문이다.
- 스피커에서 나온 소리가 벽에 반사되어 바로 마이크로 향하지 않도록 스피커를 배열한다.
- 벽면을 흡음성이 있는 천 재질로 만들어 소리가 반사되어 마이크로 전달되는 것을 줄일 수 있다.
- 이퀄라이저equalizer를 이용해 하울링을 억제하는 방법이 있다. 이퀄라이저는 소리의 음색을 조절하며 특정 주파수의 피드백을 억제함으로써 전체적인 볼륨을 높이고, 마이크를 들고 움직일 때 제약이 없도록 하는 것이다.

31 휴일과 영업시간의 시테크를 벤치마킹한다

how to
시간은 돈을 앞서는 보이지 않는 자원이다. 돈도 없고 연줄도 없는 사람이 사회에서 경쟁을 하고 성공이란 괘도에 오를 수 있는 무형의 자원이 바로 시간인 것이다. 따라서 시간을 최대한 활용해서 최고의 매출을 올리는 것이 시테크의 기본 목표이다.

●●● 일상 속에서도 시간은 상대적인 느낌으로 다가온다. 같은 5분이란 시간도 버스를 기다리는 것이 사랑하는 사람과 전화하는 것에 비해 더 길고 지루하게 느껴진다. 자신에게 유익하고 즐거운 일 앞에서 시간은 소중한 것이다. 시간의 이런 특성을 잘 관리하여 좀 더 효율적으로 활용하기 위해 시테크 관리의 기술이 필요하다.

시간을 관리한다는 것은 그 시간 안에서 무엇인가를 하는 나 자신을 관리하는 것이다. 시테크가 필요한 이유도 바로 여기에 있는 것이다. 똑같이 주어진 시간을 적절하게 활용해서 최대의 성과를 창출하는 것, 즉 가장 효율적인 시간 관리가 시테크이다.

| 하루의 업무 스케줄은 이렇다 |

노래연습장은 입지와 시스템, 인테리어 시설을 제대로 갖추어 놓으면 누구나 손쉽게 경영할 수 있다는 생각으로 아르바이트생이나 직원들에게만 업소를 맡겨놓고 영업을 하다가 몇 개월도 되지 않아 운영상에 어려움을 겪는 업소가 있다. 이처럼 입지와 시스템, 인테리어시설은 노래연습장 성공의 필요조건일 뿐 절대로 충분조건이 될 수 없다.

고객의 발길을 지속적으로 사로잡는 것은 창업 당시의 시설이 아닌 업주의 점포 운영 및 관리에 있다.

오른쪽 표에서 소개하는 업소의 일일업무 스케줄을 참고해서 자신의 업소 규모에 맞도록 점포 운영 및 관리 매뉴얼로 작성해서 운영에 적용하면 보다 효과적인 영업 관리가 이루어질 것이다.

| 상권에 따라 영업시간과 근무시간을 조정한다 |

노래연습장의 영업시간은 의외로 천차만별이다. 꼭 몇 시에 개점하여 몇 시에 폐점한다는 정해진 규칙은 없다. 예를 들어 시내 중심가나 역세권, 유원지의 번화가 상권의 경우에는 24시간 영업을 하는 경우가 있고 아파트 단지나 주택가의 조용한 상권에는 오후 2시 정도에 개점하여 새벽 2시 이전에 마치는 경우도 있다. 그리고 복합형 노래연습장의 경우에는 오전 9시에 개점하여 카페로 영업을 하고, 그 외 PC방 타임을 거쳐 노래연습장으로 익일 새벽 4시까지 운영을 하는 경우도 있다.

영업시간에 따라서 직원들의 근무시간 조정이 필요한 경우가 있다. 심야가 되면 화려해지는 번화가에 있는 업소 경우에는 저녁부터 새벽까지 손님이 몰리는 경우가 많은데 심야의 피크타임에 맞추어 근무자의 수를 늘림과 동시에 심야 근무자들의 차별화된 처우 개선이 무엇보다 중요하다.

영업시간 근무에 따른 차별화된 보상 프로그램으로, 예를 들어 심야 근무자의 급여를 주간 근무자보다 20%로 올려주거나 주간 근무자보다 근무시간대를 20%로 줄여주는 방식 등이 있을 수 있다.

♬ 점장(업주)의 일일업무 스케줄

구 분	내 역	비 고
준비	10:00 1시간~30분 개점 전 출근 - 점장이나 업주가 직접 문의 개폐 확인 - 홀과 복도의 전등 점등 - 금고, 소품캐비닛 등 도어 확인 - 매장 룸을 1순회하며 후문과 창문, 비상구 점검 - 유니폼 착용/복장, 용모, 태도 확인 10:10 소방, 환기시설, 노래반주시스템, 진열장 등 점검 - 냉장고, 자판기의 청결상태 점검 - 냉·난방기, 환기시설 작동 및 소화기 점검 - 노래반주시스템의 상태 점검 - 컴퓨터의 부팅 상태와 바탕화면의 아이콘 점검 10:50 직원 조회/복장, 용모, 태도 및 작업 지시 - 금일 작업배분계획표 작성 및 배포 - 직원의 건강체크 및 복장, 용모, 태도 점검 - 조회 후 직원의 할당 업무 진행 확인	- 화장실의 청결 상태 점검 - 계산대 환전 준비금 배분 - 룸 관리 시스템의 작동 확인 점검 - 점포 정문 오픈 - 룸마다 마이크와 소품 수와 정위치에 놓여 있는 지 확인 - 폐점시 체크한 메모와 대조하며 금일 입고해야할 상품 확인 - 직원 조회는 5분 이내(사기 진작)

개점	11:00 매장 현관 오픈
	11:30 상품의 입하 검수
	12:00 냉장 쇼케이스 상품 진열
	- 상품명과 정찰표의 위치 확인
	- 재고상품의 점검 및 불량상품의 제거
	- 진열냉장고 정상 가동(냉동, 서리) 확인
	12:00 정오까지의 매출액과 고객 수 점검
	- 식사 교대 시 인원 배치의 점검
	14:30 전 직원 각자 담당 장소에 배치
	18:30 점장(업주)는 직원별로 시간 대기 현황 체크
	- 전직원 활발하고 신속한 고객 응대
	
	익일
	02:00 고객 수를 비교하면서 직원별 폐점 준비
	- 계산대 정산 작업 및 상품재고 조사
	- 통로, 룸, 창고, 화장실 등 청소와 소품 정리
	02:20 폐점 10분전 폐점인사의 음악방송 및 간판 소등
	- 최후 고객의 전송 확인 및 안내방송 OFF
	02:30 점포 정문 닫음
		- 직원 2교대 체크
		  오전 : 11시 출근(1명)
		  오후 : 6시 출근(2명)
		- 직원들 사기진작(격려 한마디)
		- 20분마다 매장과 룸 순회(청결점검)
		- 빈 쇼케이스 자리 신속히 처리
		- 공박스, 공병 등의 정리
		- 업소의 모든 룸과 통로 1순회

폐점	02:40 점장(업주) 최종 점검 02:50 종례(수고와 격려의 한마디)	- 청소 상태 점검 - 창고와 화장실 창문 확인 - 냉·난방기의 온도, 환풍기 작동 상태의 점검 - 점외 간판, 외등 소등 및 주변 상태의 점검

24시간 영업을 하는 경우에 점장이나 업주는 오전 9시에 나와서 오후 2시에 귀가했다가 오후 9시에 다시 출근해 새벽 2시에 퇴근, 하루에 2번 근무하는 방법과 업주와 점장이 2교대로 근무하는 방법이 있을 수 있다.

| 영업시간과 정기휴일을 결정하는 중요한 요소가 있다 |

상권에 따라서 고객들의 이동과 이용시간도 달라지게 마련이다. 피크타임을 어디에 설정하는가에 따라 영업시간은 변해간다. 효율적인 영업을 하려면 시간대에 맞는 고객의 흐름을 붙잡는 것이 중요하다.

노래연습장은 시간대별 고객층이 확연히 나눠진다. 따라서 이에 따른 영업 전략을 집중하는 것이 매출 상승으로 이어지게 된다.

♫ 도심 상권의 시간대별 고객 분류

시 간 대	타 겟 고 객 층
오전(9시~12시)	초등학생+일반인
오후(12시~6시)	중학생+고등학생+일반인
저녁(6시~12시)	고등학생+대학생+직장인+일반인+기타
심야(12시~익일 새벽 4시)	직장인+일반인+기타

시간대별 고객층의 분류에 따라 가격과 홍보, 서비스 등 타깃 마케팅을 실시한다면 시간대의 공실률을 최소화할 뿐만 아니라 안정적인 매출을 기대할 수 있다.

정기휴일에 대해서는 손님을 기대할 수 없는 요일을 휴일로 정하는 것이 무난한데 주로 직장인들이 많이 근무하는 오피스가 상권은 일요일과 공휴일, 주택가와 상점가 상권은 월요일이나 평일에 하는 것이 좋다. 역세권이나 도심 상권 경우와 개점 초기에는 당분간 무휴로 정해두고 손님이 무슨 요일에 적게 오는지 분석해본 후에 정기 휴일을 결정하는 것이 좋다.

장기간 사업을 계속해 나가기 위해서는 업주의 건강이 무엇보다 중요하다. 쉬지 않고 계속해서 일을 하면 피곤해지기 마련이고 또한 고객들에게는 만족할만한 서비스를 제공할 수 없을 것이다.

정기휴일을 정하면 체력보강의 시간을 통하여 다시 찾게 된 활력소를 업소에 불어 넣을 수 있다. 확실히 쉬는 것도 일하는 것이다.

| 점주의 시테크는 이렇게 한다 |

우선순위는 여러 것들 중에서 중요한 일의 처리순서를 정하는 것을 가리키는 말이다. 대부분의 사람들은 중요한 일을 '수행하는' 것보다는 긴급한 일에 '대응하는' 습관에 젖어 있다. 그러나 여기서 중요한 일이라는 것은 원하는 목표를 달성하는데 있어 크게 기여하는 것들이며 당연히 높은 우선순위를 가져야 한다.

대부분 사람들은 우선순위를 매길 시간을 굳이 내려 하지 않는다. 그저 상황의 진전에 따라 대응한다. 그러나 저자는 여러분들이 '대응적'이 아니라 '주도적take the lead'이 되라고 권고하고 싶다.

다음에서 시간을 버는 방법들을 소개한다. 이를 잘 실천하면 보다 효율적으로 우선순위를 정하는데 도움이 될 것이다. 열거된 사항들을 능동적으로 실천하고, 습관을 바꾸며, 유용한 도구들을 잘 활용함으로써 당신이 벌 수 있는 시간이 얼마나 될지 가늠해보기 바란다.

■ 일일 계획을 세울 때 우선순위를 정하리. 비생산적인 일들을 제거힘으로써 귀중한 시간을 절약할 수 있다.

■ 모든 회의에 정확한 의제를 적어놓고 엄수하도록 하되 한 번에 세 가지 이상을 다루지 마라. 불필요하게 길고 비효율적이며 초점이 없는 회의에서 발

생하는 시간의 낭비를 또한 절약할 수 있다.

■ 당신에게 적절하지 않은 요구에 '안 됩니다' 라고 말하거나 다른 적절한 사람에게 그 요구를 넘겨주는 방법을 배워라. 도움이 안 되는 요구를 거절함으로써 시간을 벌 수 있을 뿐만 아니라 정말 당신에게 도움이 되는 일을 할 수 있는 시간을 벌게 된다.

■ 당신의 에너지가 가장 왕성한 시간이 언제인지 알아둔다. 우선순위가 높은 일을 그때 함으로써 보다 높은 효과를 얻을 수 있으며 그만큼 귀중한 시간을 버는 것이다.

■ 기사, 메모, 책 등을 훑어보면서 무엇을 먼저 읽을 것인지를 결정하라. 그리고 당신에게 진정한 가치가 있는 것만을 읽어라. 이렇게 함으로써 당신은 읽을 때마다 귀중한 시간을 벌 것이다.

■ 당신에게 이메일을 보내는 사람들에게 당신에게 원하는 것이 무엇인지 간단 명료하게 우선순위를 매겨 보내라고 요청하라.

■ 전화 응답을 하기 전에 당신의 목적이 무엇인지 적어라. 보다 빠르고 효과적인 통화를 통하여 생산적인 시간을 확보할 수 있다.

■ 아침 일찍 우편이나 메일을 적절하게 분류해 놓아라. 다시 체크하는 불필요한 시간을 줄일 수 있다.

■ 문서를 작성한 사람에게 당신에게 적절한 정보만을 제공하도록 요청하라. 당신과 무관한 정보를 읽느라고 시간을 낭비할 필요는 없다.

■ 자주 리스트를 작성하라. 이는 초점을 맞추거나 여러 가지 과제를 동시에 수행할 때 큰 도움이 된다.

■ 아래 사람들에게 준 과제들의 우선순위를 정하고 점검하라. 마음을 모으거나 일을 명료하게 할 때 지름길이 발견되는 경우가 종종 있다.

■ 방문고객들을 사전에 점검하여 꼭 만나야 할 사람들만 만나라. 그저 들른 사람들에게 인사할 때에는 서서 하도록 하라. 그리고 당신이 앉아도 좋다고 판단될 때에만 앉도록 하라.

■ 매일 매일의 이벤트에 우선순위를 설정하는데 도움이 되는 도구를 사용하라.

위의 13가지 리스트를 실행할 때 당신이 벌 수 있는 시간이 모두 얼마나 될 것인지 가늠해 보라. 그리고 지금 당장 시작하라!

32 돈 되는 메뉴 상품을 개발한다

how to

최근 노래연습장은 다양한 아이템이 접목되면서 이용자들도 기존의 노래만 부르던 곳에서 다양한 서비스를 이용하는 장소로 인식을 달리하고 있다. 다양한 엔터테인먼트 서비스와 상품으로 시너지 효과를 도모하여 상당한 기대효과를 얻은 사례도 등장하고 있다.

●●● 시대적인 흐름을 반영하여 10대 소비자들에게 인기 있는 유행 아이템을 업소에 접목하는 것을 고려해 볼 만하다. 타 업소에 비해 차별화된 경쟁력으로 인해 결과적으로는 수익 창출까지 기대할 수 있다.

| 인터넷 동영상의 제작 서비스 |

10대 이용자들에게 좋은 반응을 얻고 있는 인터넷 노래연습장은 화상채팅시스템과 동영상 CD 제작이 성공한 경우로, 인터넷과 영상 매체에 익숙한 이들의 성향과 맞물린 결과라 할 수 있다.

●● 인터넷 동영상 제작 서비스의 예시

| 즉석포토스티커 서비스 |

업소 내 스티커 사진기를 설치하는 것도 주목할 만하다. 최근 10대 청소년층을 중심으로 큰 인기를 끌고 있는 포토스티커인 만큼 타깃 고객이 맞물려 효과 높은 부가 아이템으로 평가받고 있다. 기기 1대를 설치할 수 있는 여유 공간만 있다면 업소에 바로 접목 가능한 점이 매력이다.

●● 즉석포토스티커 서비스의 예시

디지털카메라의 확산과 개인 홈피의 활성화로 사진에 대한 10대들의 관심이 높아지고 있는 추세에 맞춰 업소에서 직접 사진을 찍어주는 서비스도 유용하다. 업소에서 찍은 사진 한 장으로 고객에게 추억을 선사할 수 있다.

또한 홈피나 블로그에 개인 사진을 올리는 것이 보편화되어 있는 만큼 인터넷으로 원본 데이터까지 보내준다면 고객의 마음을 사로잡기에 충분할 것이다. 여기에 인화지에 현상해서 제공한다면, 고객이 다시 업소를 찾게 하는 요인으로 작용할 수도 있다. 가격대가 1,000만 원대 가격이라서 비용 부담이 만만치 않지만 하나의 마케팅 전략이라는 입장에서 노래연습장을 이용하는 고객에게 1회 무료 서비스로 제공하거나 추가적으로 원하는 고객에 한해 별도의 현상료를 받는 방법도 있다.

추가 이용은 장당 소비자가 5,000원을 업소의 방문기념으로 50% 할인해서 기존 스티커 사진 샵보다 저렴하게 이용료를 받는 방식도 있다. 대학가에서 포토 사진기를 설치하여 운영하는 경우 1회 이용에는 1,000원, 추가 이용은 3,000원을 받고 있다. 고객들에게 서비스 개념으로 1시간 동안 노래연습장을 이용할 때 포토스티커 무료이용권을 제공하는 것이 포토 사진기를 설치한 원래 목적보다 더 효과적이라고 업계의 종사자들은 말한다. 더욱이 인화지 가격이 장당 1,000원이기 때문에 노래연습장 1시간 이용료와 비교하면 업주가 고객 서비스로 제공하기에 큰 부담을 아닐 뿐더러 고객들이 한 번만 이용하지 않는다는 계산이다.

| 테이크아웃 서비스 |

카페형 룸 공간에서 편의점처럼 요거트 아이스크림 기기와 렌지를 설치하여 스내류, 핫바 등 다양한 먹거리와 음료수를 진열하여 테이크아웃 전문점 형태로 운영한다.

다양하고 복합적인 서비스가 제공되는 노래연습장에는 노래보다 다른 서비스와 만남의 목적으로 공간을 이용하는 고객이 많다고 하는데 이로 인한 부가적인 매출 상승의 기대 효과를 누릴 수 있다.

| 상품 메뉴 |

◎ 청소년 및 주간이용료의 할인 상품

노래연습장을 선택할 때 10대 청소년들이 가장 먼저 고려하는 우선순위는 저렴한 비용과 푸짐한 서비스이다. 공통적으로 젊은층에게 인기 있는 업소를 보면 예외가 없다.

우선 성인과 청소년으로 구분하여 노래이용료에 차등을 주고 책정하여 청소년들에게는 보다 저렴하게 제공하는 전략이 필요하다. 아니면 청소년이 몰리는 낮 시간대 이용료를 낮게 책정하는 방법이 있다.

구 분		종 류	
서비스 상품		주간은 기본 음료와 스낵 제공(2인 기준)	
가격		5,000~18,000원 조정 가능	
	주간	일반실(4~5인 기준)　　30분-7,000원	1시간-10,000원
		일반실(6~7인 기준)　　30분-7,000원	1시간-10,000원
		일반실(청소년)　　30분-5,000원	1시간-7,000원
		특실(8~10인 기준)　　30분-10,000원	1시간-15,000원
		특실(청소년)　　30분-7,000원	1시간-12,000원
	야간	일반실(4~5인 기준)　　30분-10,000원	1시간-15,000원
		일반실(6~7인 기준)　　30분-10,000원	1시간-15,000원
		특실(8~10인 기준)　　30분-10,000원	1시간-20,000원
프로모션		1개월간 주간(평일) 이용자 더블이용 시 무료 쿠폰제 서비스	

더불어 노래연습장에서 기본적으로 제공할 수 있는 서비스인 이용 시간은 가능한 만큼 넉넉히 제공하는 것이 좋다. 눈 앞의 매출에 연연해 서비스 시간을 주지 않거나 5분 정도로 인색하다면 고객의 발길은 돌아설 것이다. 비어있는 방이 있어 적막함보다는 그래도 노래연습장은 떠나가는 함성이 나와야 한다. 아낌없이 서비스를 베푼다면, 그에 상응하는 고객의 보답은 자연스럽게 돌아오기 마련이다. 여기에 주간에 음료수나 아이스크림, 스낵 등을 서비스한다면 한창 성장기에 있는 10대에게 만족감 높은 서비스로 다가갈 것이다.

아무리 개인주의 성향이 강한 10대 청소년이라고 해도 정으로 맺어진 끈끈한 인간관계는 이들의 마음을 사로잡는 지름길로 작용한다. 성공 영업에서 단골의 중요성이야 새삼 강조할 필요가 없을 것이다. 바로 충실한 단골고객을 확보하는 데 고객과의 긴밀한 유대관계는 가장 중요한 역할을 담당한다.

커플 상품

가족과 연인들의 특별한 추억을 만들기 위한 상품이다.

구 분	A 세트	B 세트
상품	룸+음료(2잔)+스낵 세트	룸+음료(4잔)+스낵 세트
룸	일반실(4~5인실)	일반실(4~5인실)
이용료	주간(15,000원)/야간(20,000원)	주간(20,000원)/야간(30,000원)

마일리지 할인 서비스와 경품 상품

요즘은 고객 관리형 멤버쉽 카드를 제공하는 업소가 많아지고 있으며 포인트에 따라 다양한 경품을 지급하고 있다.

한 번 방문하여 이용할 경우에 10~20%주간 경우씩의 포인트 점수를 두어 포인트제를 다음과 같이 실시한다.

구 분	종 류
500점	현금 5,000원 할인, 5,000원 상품권
1,000점	1시간 무료 노래이용권, 20,000원 백화점 상품권
5,000점	100,000원 백화점 상품권, 놀이동산 자유이용권 2매
10,000점	제주도 여행권 2매, 추후 이용 시 1시간 초과요금 무료권

또한 특별한 날에는 다양한 이벤트를 마련하여 고객들에게 휴대폰 문자로 전송하거나 지속적인 단골고객 관리와 업소의 홍보 효과를 누림과 동시에 50번째 방문고객에게는 MP3, 100번째는 전자사전, 200번째는 디지털카메라를 증정하는 경품 행사를 벌이면 의외로 좋은 반응을 얻을 수 있다.

생일과 축하이벤트 상품

생일이나 특별한 날을 기념하고자 하는 등의 이벤트가 있는 경우에는 다음과 같은 상품 메뉴를 준비한다.

구 분	요 금	상 품 구 성
A 코스	40,000원	- VIP룸 2시간 사용 - 이벤트 데코레이션 - 기념사진 촬영/웹사이트 등록
B 코스	80,000원	- VIP룸 2시간 사용 - 이벤트 데코레이션 - 기념사진 촬영/웹사이트 등록 - 생일 케이크 제공 - 파티 도우미 1명 진행
C 코스	100,000원	- VIP룸 2시간 사용 - 이벤트 데코레이션 - 기념사진 촬영/웹사이트 등록 - 생일 케이크 제공 - 파티 도우미 1명 진행 - 영상편지 제작
공 통		- VIP룸 1시간 추가 서비스 - 먹거리, 식음료 별도(피자, 치킨, 핫도그, 스낵)

기본 서비스는 2인을 기준으로, 친구와 들러리를 위한 식음료 서비스는 별도

다음은 행사 이벤트와 관련된 단체의 목록을 정리해 보았다.

구 분	홈페이지	주 요 업 무
파티협회	http://www.party21.co.kr	파티의 전반적인 기획과 섭외, 진행과 연출, 파티플래너 양성
가교이벤트	http://www.eventplanning.co.kr	이벤트 교육, 파티 교육, 풍선아트 교육, 마술 교육, 프랜차이즈 사업 풍선, 파티, 이벤트 용품 유통
신풍선 문화협회	http://www.nbca.or.kr	전국의 각 지부를 통하여 지역사회에 풍선문화의 연구, 개발, 보급
국제 페이스페인팅협회	http://www.ifa.or.kr	페이스페인팅 교육 및 재료 공급, 자격증 발급
사단법인 한국마술협회	http://www.kms82.org	마술기법의 연구 및 보급

33 성공 경영! 무엇보다도 직원 관리에 달려 있다

how to

직원의 만족 없이 고객의 만족을 기대하기는 쉽지 않다. 직원의 미소 짓는 얼굴 모습에서 업소의 생명력을 느낄 수 있기 때문이다. 고객 만족의 경영은 먼저 직원의 만족 경영에서 출발해야 한다. 그래서 직원에게 과감하게 투자할 줄 알아야 한다.

●●● 고객이 제일 먼저 업소에 처음 들어섰을 때 직원의 첫 인상에 의해 해당 업소의 첫 인상을 결정하는 만큼 성공 경영에서 가장 중요한 부분으로 볼 수 있다. 따라서 업주는 어떻게 하면 직원을 잘 관리할 수 있는지에 대해서 항상 생각하고 있어야만 한다.

| 직원은 내부의 고객이다 |

직원을 어떻게 채용하고 교육하여 배치하느냐는 업소 운영의 성패를 좌우한다고 볼 수 있다. 사실 고객을 접대하는 능력과 대인 관계 등 원만한 성격을 소유한 직원을 채용하는 것이 그렇게 쉬운 것만은 아니다. 장비를 다루는 기술이 뛰어나면 대인관계가 좋지 않고, 대인관계가 좋은 반면 영업 테크닉이 부족한 경우가 많기 때문이다. 직원 채용에 있어서는 이러한 요소들을 적절히 감안하여 선발하는 것이 무엇보다 좋다. 만일 부족한 부분이 있다면 직원으로 채용한 후 음향기기 장비를 다루는 기술이나 접객 교육을 정기적으로 실시하는 등 보강하는 방법이 필요하다.

| 직원 관리가 매출액에 많은 영향을 미친다 |

경영의 3요소사람(Man), 돈(Money), 물자(Material) 중에서 가장 중요한 요소인 사람을 관리하는 것을 인사 관리, 즉 직원 관리를 말한다. 직원을 어떻게 뽑고, 어떻게 교육시킬 것인가, 또 승진이나 상벌은 어떤 방법으로 평가할 것인가 등 직원을 효율적으로 관리하고, 문제가 발생할 경우 이를 합리적인 방법으로 해결하기 위한 것이 바로 직원 관리다. 직원 관리에 대한 경영자로서의 능력을 갖추는 것이 바로 사업의 성공과 직결된다. 우선 직원을 채용할 때는 단순히 기술력만 중요시 하면 안 되고 친절도, 고객 서비스 자세, 대인관계 등을 종합적으로 판정해야 한다.

가급적 남자 직원 채용이 업소에 도움이 된다. 아직도 노래연습장은 취객들이 자주 이용하는 업소라는 인식이 강하기 때문에 그들과 대응하기 위해서는 남자 직원이 상대적으로 효과적이며 여직원을 고용했을 때 일부 취객으로 인한 대응력이 약해 자칫 문제를 양산시킬 우려가 높아질 수 있기 때문이다. 직원 채용 관리의 주요 내용은

구 분	내 용	세부 추진내용	체크 항목
직 원 의 운 영 관 리	인원 모집	- 인원 계획 - 모집 광고 - 면접 채용	- 소요인원 산출 - 지역광고지 - 재료상 - 이력서/자기소개서 - 경력증명서
	교육 훈련	- 정사원 교육 - 파트타임 교육	- 이론 및 현장 교육 병행
	유니폼 제작	- 근무복 명찰	- 로그, 칼라 구분 남녀별도 제작
	업소 관리	- 운영양식 구비	- 영업일지 - 재고조사표 - 매출현황표 - 입출고현황표 - 근무일지 - 거래점 카드 - 재무제표

채용 계획의 수립, 모집, 선발, 인사 관리, 인센티브 지급, 직원 해고 등의 단계로 구분할 수 있다.

| 직원을 효율적으로 관리하는 방안은 이렇게 한다 |

노래연습장의 성공은 고객의 만족에 달려 있고 고객의 만족은 직원이 어떻게 하느냐에 따라 달려있다. 즉 직원의 태도에 따라 사업의 성공 여부가 달려있다 해도 과언이 아니다. 단순 훈계식의 운영보다는 내용들을 근무 수칙으로 정한 뒤 매뉴얼에 따라서 잘할 때나 못할 때나 한결같은 교육을 시키는 게 보다 효과적일 수 있다. 세계적인 패스트푸드 프랜차이즈인 맥도널드 같은 경우 직원 대다수가 아르바이트지만 누가 간섭하지 않아도 한결같은 접객 자세가 유지되는 것은 체계적으로 정리된 매뉴얼 덕분이라고 할 수 있다.

노래연습장은 단순히 시간만 체크하여 돈을 받는 것이 아니다. 항상 고객에게 최고의 음향 상태로 서비스해야 한다. 따라서 사전에 이에 대한 충분한 지식과 서비스 기법을 습득한 직원 역할은 매우 중요하다고 볼 수 있다.

다음은 효율적으로 직원을 관리하는 몇 가지 방법을 살펴보기로 한다.

- 직원으로 하여금 사업의 장래성, 경영방침 등을 숙지하도록 해야 한다. 직원 자신에게 '내 점포라는 주인 의식을 심어주어야 한다'는 것이다. 현재 추구하는 운영 전략이 무엇인지를 직원과 함께 공유하고 업주는 먼저 모범된 태도와 행동을 보여주어야 직원들의 동참을 이끌어 낼 수 있다.
- 업주는 직원 상호 간의 이질감을 갖게 하는 평가와 결정을 해서는 안 된다. 업무상 별 차이가 없는 동료 간에 급여 등의 차별이 생기면 불리한 대우를 받고 있다고 느끼는 직원은 불만을 토로할 것이다.

■ 직원의 불만은 신속·정확하게 해결해 주어야 한다. 우리 주변에서는 사소한 일들이 확대되어 큰 불만 요인으로 작용하는 경우를 발견할 수 있다. 직원 관리에서도 마찬가지라고 할 수 있다. 정기적으로 대화의 시간을 가지는 것이 좋으며 항상 끈끈한 인간관계를 유지하여 함께 동고동락한다는 인식을 심어주고, 사기가 떨어진 직원에게는 새로운 의욕을 불어 넣어 주어야 한다.

■ 직원으로 하여금 자신의 직무에 대해 최대한의 만족감을 느끼게 배려해 주어야 한다. 자신이 하는 일들이 단조롭고 반복적인 것으로 인하여 흥미를 잃기 쉽다. 이렇게 되면 직무에 대한 만족도와 창의적이고 능동적인 사고를 이끌어 낼 수가 없다. 직원 상호 간의 업무 교환, 업무의 통·폐합 등을 통하여 흥미를 유발시키고 창의성을 키워주어야 한다.

■ 정기적으로 노래반주기의 조작 요령, 매장 관리 요령, 고객 친절 서비스 요령 등을 터득하게 하고 자부심과 긍지 그리고 사명감을 갖도록 해야 한다.

■ 업주는 노래연습장 장소를 대여하는 것이 아니라 직원의 서비스를 고객에게 판다는 자세를 가져야 한다. 서비스보다 더 좋은 상품이 있을까?

■ 적절한 동기부여를 한다. 똑같은 일임에도 자기 역할을 두 배 이상 훌륭히 수행해 내는 직원이 있는가 하면 반대로 그렇지 못한 직원도 있다. 이럴 경우 잘하는 직원에게는 성과급이나 휴가 제도 등 그에 상응하는 보상을 해줄 필요가 있다. 그래야 그 직원은 의욕을 가지고 더 잘하려고 노력할 것이고 다른 직원들에게도 자극이 되어 전체적인 효과를 볼 수 있기 때문이다.

34 직원 교육은 접객 서비스의 질을 높인다

how to
직원 교육은 업소의 발전 및 직원 자신의 자기 계발에 도움이 되는 것이므로 업주는 직원 교육에 투자를 아끼지 말아야 한다. 즉 직원 교육을 비용의 개념이 아닌 투자의 개념으로 인식해야 한다.

●●● 노래연습장 운영을 하려면 기본적으로 노래반주기와 음향기기, 고객과 매장 관리에 대한 테크닉을 미리 배우서 익혀야만 직원에게 그대로 전수할 수 있다. 독립 점포인 경우에는 기기를 납품받은 업체의 교육과 창업 관련 기관에서 실시하는 경영 학습 프로그램에 참여하는 것이 좋다. 프랜차이즈 가맹점 창입인 경우에는 개입 전 본사에서 3일~1주일 정도의 교육을 받는 것이 좋은데 주로 직원 관리, 고객 만족, 운영 관리 등 일반 경영지식에 대한 내용을 지도해 준다.

교육기회를 제공하면, 직원은 업소에 충성심과 애사심을 갖게 되어 더욱 열심히 일하는 동기를 부여하게 된다. 새로 고용된 직원은 생산성이 높은 판매서비스 포함 활동을 할 수 있도록 훈련을 실시해야 하는데 업소의 규모와 업태 그리고 담당 직무에 따라 다르다.

| 직원 교육과 관리는 경영상에서 중요한 부분이다 |

직원에 대한 교육과 관리는 노래연습장의 경영에 있어서 매우 중요한 부분이다. 특히 업주가 혼자서 24시간 업무를 수행할 수 없으므로 직원을 로테이션과 업무의 인수인계 그리고 직원의 서비스 교육을 신중하고 철저하게 시켜야 한다. 먼저 직원들이 기분 좋게 일할 수 있는 분위기를 만들어 주는 것이 중요하다. 그래야 직원들이 좋은 인간관계를 바탕으로 밝고 활기차게 일할 수 있기 때문이다.

신규 채용한 직원에 대한 교육 방법으로는 다음과 같다.
- 직원(관리자와 팀장)이 신입에게 특정 직무를 상세하게 훈련시키고자 할 때 활용한다.
- 개인 교육으로서 필요한 직무 지식을 직원이 스스로 배우게 하는 방법인데, 노래연습장의 경우에는 음향장비에 대한 간략한 조작에 대해서 녹음 테이프와 비디오 테이프를 사용하면서 습득하는 경우이다.

노래연습장 업계는 주로 음향장비를 대여하여 사업을 하는 곳이라 직원이나 업주 모두 손님 접대와 청소, 노래반주시스템에 대한 기본적인 교육이 선행되어야 하는데 일반적으로 노래연습장 업계에 종사자들이 노래반주시스템에 대한 상식이 부족하거나 직원들에게 제대로 교육을 시키지 못하여 고객들이 불만을 사는 경우가 많다.

업주 스스로 노래반주시스템에 대한 기본 상식과 기술적인 면을 터득해 직원들에게 교육시킨 후 고객이 노래반주시스템 이상을 요구했을 때 즉각 대처할 수 있도록 해야 한다.

가까운 예로 일본의 가라오케에서는 지배인이 직원 채용을 하게 되는데 까다로운 면접 과정과 철저한 서비스 교육을 마친 후 현장에 투입하는 방식을 취하고 있다. 이는 정규 직원이나 아르바이트 직원에 관계없이 채용한 후에는 엄격한 교육을 시킴으로써 직원 육성은 물론 고품질의 차별화된 서비스로 업소의 이미지를 제고시키기 위한 것이다.

노래연습장은 대부분 고객을 직접 대하는 서비스 업종이다. 따라서 직원의 대고객 서비스가 곧 주인의 대고객 서비스이고 업소의 매출과 직결되어 있다. 가능한 한 임금을 높게 책정하더라도 아르바이트 직원보다도 우수한 직원을 확보하여 경쟁력을 갖추는 것이 장기적으로 유리하다.

무엇보다 지속적인 직원의 능력을 개선하고 제고시키기 위해 직원교육에 심혈을 기울여야 하며, 특히 서비스와 친절 교육을 중점적으로 실시하여야 한다.

일반적으로 노래연습장에서 하는 일은 대부분 단순하게 반복되기 때문에 일에 대한 동기부여가 없고 쉽게 그만 두는 경우가 많이 있다. 따라서 직원으로 하여금 그 일을 통해 무언가 자신이 학습하고 있다는 의식을 갖도록 하는 것이 중요하다.

그리고 업주는 직원들에게 음향기기에 대한 전문 지식을 심어주는 교육도 게을리 해서는 안 된다. 자신이 일하고 있는 일에 대한 확신과 비전을 심어줄 수 있는 교육의 필요성은 날로 증가하고 있다.

직원들은 정기적인 교육을 통하여 자신이 하고 있는 업무에 대한 중요성, 자신감 획득, 그리고 보람을 느낄 수 있도록 한다.

한국능률협회나 상공회의소, 소상공인지원센터 등의 기관에서는 직원을 대상으로 다양한 교육 세미나를 개최하고 있다.

| 직원 교육 시 유의할 점은 다음과 같다 |

예전에 다른 노래연습장에서 근무한 경력의 소유자라 하더라도 채용 초기에는 의욕이 왕성할 때이므로 다시 확실하게 교육시키면 그 효과는 오래 지속된다.

안전 교육부터 시작하여 노래연습장에서 일어날 수 있는 실수와 재해의 내용도 교육한다. 노래반주기를 이용하는 방법에 대한 교육 이전에 먼저 고객의 접객 요령에 대한 태도부터 교육해야 한다. 예를 들어 고객 맞이할 때의 기본 자세, 외모와 복장의 청결 유지, 기본 접객 용어 등을 먼저 교육시킨 후 고객맞이 서비스가 몸에 배인 후 노래반주시스템의 조작 방법에 대한 교육을 시작한다.

구 분	교 육 내 용
안전 교육	재해의 방지, 노래반주기의 손상 방지
노래반주시스템	설비의 명칭과 기능 조작 방법
고객 서비스	서비스 교육, 복장과 몸가짐, 접객 용어
관련 기자재의 작동 방법	코인기 작동법, CD 녹음. 동영상 녹화 등의 처리 방법
상품 지식	사용 요금 가격, 기타 상품의 용도와 가격
청 소	각 장소별 청소 요령
기 타	간단한 사무 처리, 인수 인계

35 청소는 서비스의 첫걸음이다

how to
고객이 점포를 방문했을 때 순간적으로 느끼는 직원의 태도, 상품의 진열 상태, 청결 상태 등 몇 초 만에 인식되는 이미지는 고객이 향후 재방문 가능성의 여부를 결정짓게 되는 요소이다. 따라서 항상 손님을 맞을 자세와 준비를 해야 한다는 것을 명심하길 바란다.

●●● 사람의 첫인상 외에도 청결하고 깔끔한 시설은 업소의 좋은 인상을 심어주는 척도가 되며, 좋은 인상을 심어주기 위해서는 꼼꼼한 시설 관리 및 청결 유지 그리고 직원의 친절함이 함께 융화되어야 한다.

항상 매장 바닥, 컴퓨터, 모니터, 마우스, 테이블, 식음료 창구, 정수기, 휴지통, 출입문, 유리창 등은 오전 중 대청소를 하되 손님이 많은 시간대에는 지저분한 부위만 한다. 대걸레는 2자루 이상 교대로 사용하며, 베란다나 옥상에서 말리도록 하고 화장실은 지저분하게 하지 않도록 한다. 손걸레는 지저분해지지 않도록 수시로 세탁하도록 한다.

지속적으로 점포를 깨끗이 유지하는 것은 쉽지 않은 일이다. 그러나 청결의 중요성을 깨닫고 꾸준히 노력하며 청소점검서를 통해 체계적으로 관리한다. 수시로 업주가 확인한다면 점포를 청결하게 유지할 수 있을 것이다.

♬ 청소점검서 예시

구 분	점 검 항 목	그렇다	아니다
간판	점외의 간판, 외등은 깨끗하고 고장난 전등은 없는가?		
	거미줄이나 얼룩이 묻어있지 않은가?		
현관	전면 유리창과 현관 천장은 깨끗한가?		
	전등과 조명은 좋은가?		
	구석에 거미줄은 없는가?		
	유리문에 먼지나 손자국이 없는가?		
카운터	바닥에는 얼룩이나 이물질이 없는가?		
	계산대 주변은 정리가 잘되어 있는가?		
룸 내부	소품진열대의 상품들은 먼지가 없으며 깨끗한가?		
	전등과 조명의 상태는 좋은가?		
	모니터와 스피커에 먼지는 없는가?		
	컴퓨터의 바탕화면에 불필요한 아이콘은 없는가?		
	마우스와 키보드에 먼지는 없는가?		
	노래신곡 포스터가 손상되지는 않았는가?		
	보조방석과 소품은 청결한가?		
	마이크는 이상이 없고 위생 커버는 준비되었는가?		
	노래곡목 책자가 찢어졌거나 젖어있거나 악취는 나지 않는가?		
	천장과 환기팬은 깨끗한가?		
	바닥은 청결한가?		
	템버린이 손상되거나 먼지가 없는가?		
화장실	휴지통은 깨끗한가?		
	환기는 잘되어 악취가 나지 않으며 청결한가?		
	휴지 및 비누는 준비되어 있는가?		
	수건은 깨끗하고 젖어 있지 않은가?		
	변기 내에 담배꽁초나 오물이 묻어 있지 않은가?		
장비점검	소화기는 정해진 장소에 있고 작동에 문제는 없는가?		
	냉장고의 가동과 냉동 상태는 이상이 없는가?		
	냉·난방기의 필터는 깨끗한가?		
	냉동고에 성에가 끼어있지 않은가?		
	자판기의 청결 상태와 작동 상태는 양호한가?		
	불필요한 환풍기가 작동하지는 않는가?		
	비상구와 창고·화장실의 창문은 이상이 없는가?		
창고	모든 수도의 물이 새는 곳은 없는가?		
	창고의 시건장치는 이상이 없는가?		
	바닥은 청결하고 환기는 잘되는가?		
	쥐와 바퀴벌레 등의 해충은 없는가?		

36 고객을 부르는 나만의 운영시스템, 요령이 있다

how to
노래연습장 경영을 성공적으로 이끌기 위해서는 업소마다 차별화된 서비스와 고객 위주의 영업 전략, 즉 운영 시 필수적인 요건들을 철저히 분석하여 타 업소와 차별화될 수 있는 영업 전략을 세우는 것이 무엇보다 중요하다.

●●● 경기 불황이나 시장의 포화 상태와 관계없이 동일한 조건에서도 흥하는 집과 망하는 집이 있기 마련이다. 작은 노래연습장이라도 손님이 넘쳐나는 집과 아무리 시설을 잘해놓아도 손님이 없는 집이 있기 마련이다. 따라서 노래연습장 창업을 준비 중인 창업자나 운영 중인 노래연습장 업주들도 다시 한 번 내부 경쟁력을 점검하여 수익을 낼 수 있는 노래연습장의 경영 노하우를 갖추어야 한다.

고객은 점포를 처음 들어섰을 때 마주 대하는 직원의 첫인상에 의해 해당 업소의 첫인상을 결정한다. 좋은 첫인상의 3가지 느낌으로는 신뢰감, 자신감, 친근감으로 정의 내릴 수 있는데 그런 첫인상은 처음 5초에 의해 70~80%가 결정된다고 한다. 좋은 첫인상을 남겼다면 당연히 자주 들르게 될 것이고 매출 신장에도 기여하게 될 것이다. 그와 반대로 만약 부정적인 인상을 주게 되었다면 처음 인식한 이미지를 지우는데 상당한 시간이 소요된다고 하며, 업소는 이미지를 개선하는 비용으로 막대한 마케팅 비용이 들어가 시장에서 고전을 하게 될 것이다. 그래서 첫인상은 콘크리트처럼 바꾸기 힘든 것이라고 하는데 이를 '초두 효과primacy effect, 첫 이미지에 대한 정보의 전달 효과', '저장 개념의 노예'라고 한다. 뇌가 처음으로 인식한 정보는 앞으로 전체적인 이미지를 판단하는데 결정적으로 작용한다.

일반적으로 사람은 첫 이미지에 대한 하나의 정보를 통해 전체를 판단하기 때문이다. 이러한 초두 효과는 곧바로 맥락 효과context effect로 이어진다. 여기서 맥락 효과란 처음에 내린 판단에 따라 입력된 정보들에 의해 2차의 판단도 같은 맥을 잇게 된다는 것을 말한다.

따라서 노래연습장을 방문한 고객의 첫 이미지가 긍정적이면 다음에 들어오는 정보도 계속 긍정적으로 처리될 가능성이 월등히 높아지게 된다는 것이다.

이 장에서 필자가 강조하고자 하는 것은 점차 다양한 고객의 욕구에 따라 노래연습장은 시설의 고급화와 좋은 시스템을 갖추는 것이 누구나 시도하고 있는 기본적 요소라는 사실이다. 따라서 철저한 서비스와 운영 교육, 점포 관리를 통하여 고객의 첫 방문이 이루어졌을 때 타 업소에 비해 탁월하고 깊은 첫 인상을 주어, 지속적인 단골 고객화로 이어가는 경영 방식이다.

| 고객을 접객하는 매뉴얼은 이렇다 |

특별히 유니폼을 맞춰 입는 업소가 있는데 이는 각 업소만의 개성으로 고객들에게 어필할 수 있는 장점이 있지만, 가급적 자유로운 복장이 고객들로 하여금 직원들에게 심리적인 부담 없이 대할 수 있다는 점을 염두에 두는 것이 좋다.

▣ 고객을 대응할 때의 기본적인 주의사항을 언급한다

술에 취한 고객이나 일부 몰지각한 고객을 대할 때에도 최대한 고객을 배려하는 마음 자세가 필요하다요금 시비 등으로 고객과 매장 내에서 같이 언성을 높이는 경우에는 타 고객들에게 피해를 주게 될 뿐만 아니라 고객의 빈축을 사게 된다. 고객의 말을 끝까지 경청하고 그 대응 방안을 신속하게 모색한다. 고객을 맞는 기본 자세부터 나가는 모든 과정의 준비와 상황에 맞는 서비스 전개를 필요로 한다.

◎ 준비 〉〉〉 기본 준비 자세

구 분	업 주	직원(남)	직원(여)
복장	되도록이면 유니폼을 착용(고객과 직원 구분)하여 깨끗하고 바르게 입는다.		
헤어 스타일	점잖은 자세로 안정감 있게 수시로 머리를 다듬어준다.	무스나 젤을 바르고 험오스런 피어싱이나 염색은 하지 않는다.	현란한 염색은 하지 않고 긴 머리인 경우에는 묶는다.
얼굴	수염을 기르는 등 부시시한 얼굴을 하지 않는다.	진한 화장은 피한다.	

◎ 대기 〉〉〉 손님을 맞이하기 위한 기본 자세

손님들이 자주 부르는 노래 곡목이나 노래반주기 조작에 대한 기본 지식을 쌓도록 한다. 근무시간에 룸에서 노래를 부르고 있거나 손님을 맞지 않거나 카운터에서 손님을 맞이하는 도중 동료와 잡담을 나누지 않도록 한다. 손님이 들어 왔을 때 밝은 표정으로 정중히 45° 각도로 인사한다.

◎ 방문 〉〉〉 손님 자리 및 회원카드 작성의 안내

구 분	회 원	비 회 원	
상황	자리 안내	자리 안내	회원가입 권유
안내 요령	– 회원의 취향을 미리 기억해 두었다가 먼저 "OO룸으로 안내해 드릴까요?"라고 안내를 한다. – 손님이 자주 찾는 룸, 특정 곡목과 취향을 기억했다가 먼저 곡목을 안내 제시할 경우 고마워한다.	자주 찾는 룸이나 몇 분이오시는지의 여부를 간단히 물어보고 자리까지 안내해 준다.	"찾아주셔서 감사합니다. 간단한 양식에 기재해 주시면 저희가 가입회원으로 처리해 드리겠습니다"라고 안내한다.

📷 주문 〉〉〉 손님에 대한 접객 서비스 자세

구 분	유료 서비스	구 분	무료 서비스
음료수 및 스낵	- 00는 얼마 입니다. - 스낵은 선불입니다. 00 원 받았습니다. - 거스름돈 00입니다.	재떨이	교환시 재가 날리거나 담배 꽁초가 떨어지지 않도록 주 의한다.
		커피 및 음료 서비스	서비스 쟁반에 5~6개씩 음료를 들고 다니며 밝은 목소리로 "00드시겠습니 까?"라고 의향을 물은 후 조용히 테이블에 놓는다.
안내	손님이 사용하신 요금은 00원입니다.	포인트 이용시	손님이 사용하실 수 있는 포인트는 총 00점입니다.

📷 계산 〉〉〉 손님의 정산 안내와 배웅 인사

구 분	사용 완료시	카운터 정산시	정산 후 나갈 때
회원	회원번호(성함)가 몇 번 이십니까?	00번룸 00원을 사용 하셨습니다.	감사합니다. 안녕히 가세요.
비회원	비회원의 경우 임시 카드를 주어 카드번호 를 입력 시 사용 가능 하게 해준다.		감사합니다. 다음에도 찾아주세요.

단골고객은 얼굴을 익혀서 특별히 신경쓰도록 한다. 매뉴얼에 기록된 인사 외에 추가적으로 사적인 대화가 가능하도록 친분을 만들어 간다.

청소년의 경우에도 소그룹의 리더를 파악하여 서비스 방법을 같이 의논하는 등 친분을 유지하는 것도 좋은 방법이다. 청소년들처럼 함께 어울리기 좋아하는 시기에는 단체로 다른 장소로 이동할 때 의견 선도자에 의하여 의사 결정이 이루어지는 경우가 많기 때문이다.

■ 심야 〉〉〉 청소년의 신분증을 확인하는 요령

　노래연습장에는 심야 시간 22:00~익일 09:00에는 청소년의 출입이 제한되어 있어 각별한 주의가 필요하다. 21:50에 청소년 귀가 안내를 한 후 22:00가 되기 전에 기존의 고객들에게 양해를 구하고 주민등록증 확인을 한다. 22:00 이후에 들어오는 고객들 또한 철저한 확인을 하여야 하며 이때 중요한 것은 웃으며 고객의 기분을 상하지 않게 하여야 한다. 예를 들어 "손님, 죄송하지만 주민등록증 확인 부탁 드립니다"라고 말할 때는 절대 강압적인 분위기여서는 곤란하며 상냥하고도 자상한 태도로 부탁을 하여야 된다. 다만 청소년의 경우에 보호자를 동반하거나 청소년 출입동의서를 가지고 온 경우에 한하여 22:00 이후 출입을 허가하여 줄 수도 있다.

창/업/테/크

야간 정액제
　업소 내의 안내문에 따라 고객들이 요청할 때에 정액제를 시행한다. 야간 정액제를 사용하는 고객은 주로 단골고객들이 많기 때문에 점포에 대한 충성도 비교적 높다. 그리고 매출에도 상당한 기여를 하므로 불편함이 없게 이용할 수 있도록 배려해주고 커피나 음료수 등의 서비스를 하여 지속적인 방문을 유도하도록 한다.

| 진정한 서비스는 자부심과 긍지에서 비롯된다 |

　직원이 자신의 일과 고객에 대한 질적인 서비스에 충실할 수 있도록 맡은 임무에 대해서 자부심과 긍지, 사명감을 가지며 임할 수 있도록 하는 방법을 소개하기로 한다.

우선순위는 고객 관리에 있다

노래연습장은 철저한 고객 관리형 사업이다. 지역 주민이나 단골 고객을 상대해야만 하는 노래연습장 사업의 경우 고객 관리는 사업 성공에 있어 핵심적인 성공요소이다. 적극적이고도 획기적인 고객 관리를 하지 않으면, 다수의 업소가 치열하게 경쟁을 하고 있는 고객은 타 경쟁업소에 자연스럽게 보내주는 결과를 가져온다. 고객들은 업주가 갖고 있는 서비스 정신보다 더 큰 기대 서비스를 가지고 업소를 찾아온다. 그러므로 고객이 무엇을 요구하기 전에 고객의 니즈needs을 파악하여 서비스를 제공하여야 한다. 가격을 많이 낮춘다고 하더라도 고객이 원하는 서비스 수준은 낮아지지 않는다. 따라서 고급스런 업소의 분위기를 유지하면서 밝은 표정으로 고객을 맞아 단골고객을 많이 확보하는 것이 성공의 지름길이다.

고객정보화시스템을 구축해 두어야 한다

고객이 언제 방문하였고 생일 등 기념일은 언제인지를 알 수 있는 전산시스템의 구축은 고객 관리에 있어서 절대적으로 필요하다. 이와 함께 매출 관리, 룸 관리, 정기적으로 고객에게 이벤트 정보를 제공하는 홍보 마케팅과 고객의 불만사항 처리 등을 행하는 것이 바람직하다.

이벤트를 자주 열어야 한다

재미있고 다양한 게임 이벤트와 지역 주민들인 고객들을 위한 동네노래자랑대회 등 축하 이벤트를 마련해서 고객들에게 즐거움을 선사해야 한다. 이 같은 이벤트는 고객들에게 특별한 기억을 만들어 줌으로써 단골고객이 되게 하는 지름길이다.

할인권이나 사은품의 증정으로 재방문을 유도한다

할인권이나 사은품 시스템의 활용은 고객 확보는 물론 단골고객 확보의 지름길이다. 예를 들어 할인쿠폰이나 회원카드를 만들어 적립 포인트에 따라 룸과 서비스 이용요금을 할인해주거나 사은품을 주는 등 다양한 마케팅 전략을 구사할 필요가 있다.

고객과의 약속은 끝까지 지킨다

고객과 한번 약속한 내용은 일시적으로는 손해를 보더라도 약속을 끝까지 지킴으로써 더 큰 이익을 얻을 수 있다. 그리고 이유를 불문하고 서비스에 만족하지 못한 경우에는 이용요금을 환불해 줌으로써 고객의 신뢰를 확보한다면 더 많은 고객을 유치할 수 있다는 점을 명심해야 한다.

지속적으로 업그레이드를 한다

업소의 분위기를 주기적으로 계절에 맞춘 인테리어와 소품으로 장식하고 유행에 따른 노래를 지속적으로 업그레이드를 해야 한다. 물론 접객 서비스의 업그레이드는 지속적으로 꾸준하게 하여야 한다.

| 고객 관리에 성공한 노래연습장을 벤치마킹한다 |

고객의 취향에 맞는 인테리어로 쾌적한 분위기를 조성해라

노래연습장은 이제 하나의 대중문화 공간으로 자리 잡고 있다. 그러기 위해서는 보다 세련되고 현대적인 감각의 인테리어로 고객들의 발길을 붙잡는 것이 필요하다. 예를 들어 업소를 찾는 주된 고객층이 젊은이일 경우 업주는 인테리어 공사 시 현대적인 감각을 풍길 수 있도록 화려하면서도 깔끔한 이미지 연출에 신경을 써야 한다. 경우에 따라서는 타 업소와 차별화될 수 있게 독특하면서도 신선한 분위기를 풍길 수 있는 인테리어로 고객들에게 어필할 수도 있다. 예를 들어 고대문명을 주제로 하여 고풍스러운 분위기를 연출할 수도 있으며 애니메이션이나 만화 혹은 동화 속 주인공의 캐릭터를 이용한 아이디어도 눈길을 끌 수 있다. 고객층이 주부나 중·장년층일 경우는 대체적으로 고급스러우면서도 차분한 이미지의 인테리어를 연출함으로써 전체적으로 자연스러운 분위기를 유도할 수 있다. 그 외에 업소의 청결 유지는 필수이며 보다 쾌적하고 편안한 환경을 조성하는 것이 중요하다.

> 》》 사례 : 서울의 M 노래연습장은 휴게 공간을 따로 설치해 뮤직비디오나 TV를 설치함으로써 고객들이 대기하는 동안 여유롭게 시간을 보낼 수 있도록 배려해 좋은 반응을 얻기도 했다.

🔲 인간성과 사교성을 바탕으로 고객과 친근감을 형성해라

성공한 업소들의 공통점을 보면 업주와 고객 간에 친근감을 형성하는 것이 성공요인으로 작용하는 경우가 많다. 이는 업주들이 인간적인 면을 내세워 고객들에게 스스럼없이 가까워짐으로써 단골고객 확보와 고객 관리에 충분한 메리트로 작용할 수 있다.

어떤 업주들은 처음 업소를 찾은 고객들에게도 친구처럼 먼저 말을 거는 경우도 있고 혹은 고객들의 얼굴이나 이름을 기억해 두었다가 다음 번에 방문했을 때 반갑게 대하는 방법도 두루 사용되고 있다. 또 업주가 직접 고객들과 어울려 노래를 하는 것도 고객 친밀도에 있어서 좋은 효과를 거둘 수 있다.

> 》》 사례 : 부산의 S 노래연습장 업주는 노래연습장 오픈 후 사교성과 인간성을 바탕으로 지역 주민들과 유대 관계를 돈독히 함으로써 간접적인 방법으로 고객 끌어오기에 성공한 예도 있다.

🔲 친절한 미소와 예의 바른 태도는 고객 접대의 기본이다

업주의 친절한 미소와 예의 바른 태도는 어떤 업종을 불문하고 운영상의 필수적인 요소다. 우리 속담에 '웃는 얼굴에 침 못 뱉는다'라는 말이 있듯이 업주가 고객의 입장에 서서 항상 미소 띤 얼굴과 공손한 태도로 고객을 맞이하면, 이는 충분히 고객이 업소를 다시

한 번 찾게 만드는 요인이 될 수 있다. 업주 자신은 물론 직원들에게도 친절 교육은 기본적으로 뒷받침되어야 한다.

> 〉〉 사례 : 인천의 C 노래연습장 업주는 엘리베이터 층수에 불이 들어오는 것을 지켜보고 있다가 미리 문 앞으로 가서 친절히 고객을 맞이하며, 룸 안내는 물론 고객들이 업소를 나갈 때도 미리 엘리베이터를 기다렸다가 안내하는 서비스까지 곁들임으로써 단골고객 확보에 성공했다. 이는 친절과 예의범절을 바탕으로 타 업소와 차별화되는 서비스를 제공함으로써 고객 확보에 성공한 케이스로 볼 수 있다.

🔳 타 업소와 차별화된 다양한 아이템을 선보여라

다양한 아이템 서비스는 노래연습장을 운영하는 업주들이라면 누구나 한 번쯤은 생각하는 고객 관리의 방법 중의 하나이다. 최근 노래연습장의 아이템 서비스 실태를 보면 복권 출력기나 스티커 사진기를 구비해 좋은 반응을 얻고 있는 경우가 많다. 그 외에도 다양한 아이템을 준비하여 고객들의 구미에 맞는 다양한 서비스를 제공할 수 있다. 대부분 회원제를 운영하여 보너스 점수를 누적하는 제도를 만들어 고객들의 출입 횟수에 따라 실적 점수를 가산하여 무료노래 서비스나 기타 사은품을 제공하는 방법으로 고객 관리를 하고 있다.

그 외의 다양한 아이템으로, 한 업주는 매직 풍선 공작 기술을 익혀 풍선으로 다양한 작품을 만들어 고객들에게 무료로 제공하기도 하는가 하면, 즉석에서 무료로 기념 촬영을 해주는 서비스도 이용하고 있는 추세다. 이 사진촬영 서비스는 예상 외로 고객들에게 좋은 반응을 불러일으킬 수 있는데 가족 단위로 오는 고객들이나 특히 연인들에게 호응도가 높은 것으로 나타났다.

> 〉〉 사례 : 부천의 G 노래연습장 업주는 고객의 편의를 위해 가족 동반 시 따로 아이들을 돌봐주는 탁아시설을 마련하여 고객들에게 호평을 받고 있다.

📷 직원 고용으로 업소 이미지 쇄신을 노려라

아르바이트나 정식 직원을 고용하여 철저한 서비스가 이루어지도록 함으로써, 노래연습장 이미지를 관리하는 것도 고객 관리의 차원에서 좋은 아이템에 속한다.

고객이 업소를 드나들 때 부담 없이 편안하게 느낄 수 있도록 깔끔하고 단정한 직원을 채용해 접객 교육을 철저히 시킨다면 고객의 뇌리에 오래 남을 수가 있어 단골고객의 확보와 업소의 이윤 상승에 좋은 효과를 볼 수 있다.

그 외에도 업소의 영업시간을 철저히 지킴으로써 고객들에게 신뢰감을 형성하는 것도 고객 관리의 방법이며, 특별한 경우를 제외하고 업주와 직원이 카운터를 비우지 않는 것도 고객 관리를 할 수 있는 방법 중의 하나로 볼 수 있다.

📷 업주 스스로가 지역별 행사나 각종 이벤트에 적극적으로 참여해라

되도록이면 노래연습장의 업주는 이벤트 행사에 적극적으로 참여함으로써 인근 주민들에게 좋은 이미지를 남김으로써 손쉽게 주변 고객들부터 확보할 수 있는 방법도 고객 관리의 한 방법이다.

📱 청소년들을 내 자녀처럼 대하라

연소자 출입이 허용되면서 업주들이 청소년들을 올바르게 선도하는 것도 고객 관리 차원의 중요한 사항으로 부각되고 있다. 즉 노래연습장이 건전한 대중 문화 공간으로 인식되면 고객 관리에 있어 충분한 메리트로 작용할 수 있기 때문이다.

> 〉〉 사례 : 서울의 K 노래연습장 업주는 청소년선도위원직을 맡아서 심야 청소년들의
> 안전한 귀가를 위하여 봉사하고, 마을청년협의회에 건의하여 매달 1회씩 마을 청
> 소년들에게 선행상의 상금을 후원하여 공익성을 위해 노력하는 업소의 이미지를
> 부각시키고 있다.

📱 늘 새로운 서비스를 창조하라

업주는 변화하는 노래연습장 환경에 발맞춰 항상 새로운 것을 추구하는 자세로 고객의 니즈에 맞는 신선한 아이템과 서비스를 끊임없이 창출하여 타 업소와 차별화될 수 있도록 고객 관리에 만전을 기하려는 마인드 구축이 중요하다.

> 〉〉 사례 : 서울의 P 노래연습장 업주는 조명과 소품을 주간별로 다르게 인테리어를
> 연출하고, 사탕을 제공하던 서비스를 초콜릿 서비스로 변경하는 등 늘 새로운 분
> 위기의 연출함으로써 고객들의 흥미를 유발함과 동시에 고객 만족 경영의 모델이
> 되고 있다.

노래연습장 경영에 있어서 고객 관리는 사실상 정답이 따로 있을 수 없다. 노래연습장도 서비스 업종이니만큼 기본적인 고객 관리 서비스를 바탕으로 업소 나름대로의 독특한 영업 전략과 아이템을 갖추는 것이 무엇보다도 중요하다.

노래연습장 설비 관련 업체의 목록

상호명/홈페이지	주력 제품
(주)극동음향 http://www.kdsound.co.kr	음향제품의 전문 수입업체
(주)금영 http://www.kumyoung.net	노래반주기, 앰프, 스피커, 모니터 등의 주변기기 판매
(주)금영미디어 http://www.kumyoungmall.co.kr	영상음향기기 제조 및 노래연습장 기기의 전문 유통업체
(주)라이브전자 http://www.liveamp.com	음향기기 전문업체로서 스피커 및 앰프 제품 판매
명현전자 http://www.myhy.co.kr	업소용 · 가정용 노래연습장 기기의 유통 및 주변기기 판매
(주)메인미디어 http://www.mainelec.co.kr	노래연습장 기기의 종합 유통업체
삼아무역주식회사 http://www.samasound.co.kr	유 · 무선 마이크 및 음향기기 유통업체
(주)새길상공 http://www.newway21.co.kr	영상음향설치대, 영상인테리어 업체
(주)서영전자산업 http://www.jarguar.com	엔터테이먼트용 음향기기의 제조업체
(주)세림일렉트로닉스 http://www.saerim.co.kr	노래연습장 기기의 전문 종합 제조업체
(주)소닉스전자 http://www.sonics.co.kr	음향기기시스템의 전문 제작업체
신원전자 http://www.sinwonav.co.kr	음향제품 및 노래연습장 주변기기의 유통업체
(주)ASSA http://www.assa.co.kr	인터넷 노래반주기 및 노래연습장 주변기기 판매업체
(주)아이싱 http://www.elfmania.co.kr	가정용 · 업소용 노래연습장 기기의 유통업체
(주)에어로 http://www.aerosystem.co.kr	스피커 전문 제작업체
(주)유니콤 http://www.unicom.co.kr	비디오편집장비, 멀티미디어장비의 유통업체
(주)유림테크 http://www.uoolim.co.kr	스피커 전문 제작업체
(주)TJ미디어 http://www.taijinmedia.co.kr	영상음향기기 제조 및 노래연습장 기기의 전문제작 유통업체
(주)트레딕스코리아 http://www.tradics.co.kr	노래연습장 스티커 등 음향기기의 제조 · 판매업체

음악 산업 법인 현황

구분	법인명	홈페이지	주요사항
재단 법인	한국음악산업 진흥재단	http://www.kopmi.or.kr	- 대중음악산업의 건전 육성 발전 - 국내 대중음악의 해외보급·전파 - 외국 민간단체와의 교류 협력사업
사단 법인	저작권심의조정 위원회	http://www.copyright.or.kr	- 저작권의 심의, 조정, 등록, 교육, 홍보, 제도 연구, 법률 상담 등
	한국노래문화업 중앙회	http://www.krsong.or.kr	- 노래연습장업의 건전한 육성 발전 - 국민 정서 및 여가 선양 함양
	한국레코딩 뮤지션협회	http://www.krma.or.kr	- 스튜디오 음악인의 창작 활동 개선 - 신인 연주인의 발굴 및 관리

	한국레코딩
	엔지니어협회
		http://www.kare.or.kr	- 녹음 전문인의 상호 협력을 통하여
			  한국적 음원의 발전과 녹음 기술의
			  향상 및 신기술의 향상 및 연구 개
			  발, 보급으로 녹음 산업과 대중예술
			  의 창달에 기여함

	한국문화콘텐츠
	진흥원
		http://www.kocca.or.kr	- 창작 기반 조성과 수출 지원, 그리
			  고 전문 인력 양성과 콘텐츠 기술
			  개발에 주력함

	한국연예 제작자협회	http://www.kepa.net	- 대중문화예술인의 발굴 양성 - 대중공연예술의 활동 보장 및 침해 보호

	한국영상음반
	유통업협회
		http://www.kvrda.co.kr	- 음반, 비디오물 유통업자이 권익을
			  보호하고 자율적인 유통질서를 확
			  립하여 문화 생활 향상 및 정서 문
			  화에 기여

	한국예술실연자
	단체연합회
		http://www.pak.or.kr	- 판매용 음반의 방송 사용에 대한
			  보상금과 실연자의 복제권, 실연방
			  송권 등 저작인접권을 신탁 관리

	한국음반 산업협회	http://www.riak.or.kr	- 음반산업의 진흥·육성사업 추진 - 음반 제작자의 권익 보호 및 불법 음반 근절
	한국음악 저작권협회	http://www.komca.or.kr	- 음악 저작자의 권리를 옹호하며, 음 악문화 발전에 기여함
	한국음원 제작자협회	http://www.kapp.or.kr	- 음원에 관한 저작 인접권의 신탁 관리 - 음반의 방송보상금 징수·분배

	한국콘텐츠산업
	연합회
		http://www.kiba.or.kr	- 자율규제 활동을 통한 건강한 콘텐
			  츠 환경 정착으로 이용자보호 및
			  콘텐츠 유통 활성화 구현

▶▶▶ 도와 주신 곳

(주)KNI 〉〉〉 http://www.multiplus.co.kr
서울시 동대문구 답십리 3동 468-13 우신빌딩 2F

(주)VOX 멀티피아 〉〉〉 http://www.voxmp3.co.kr
서울시 강남구 역삼동 679-5 아주빌딩 14F

TJ미디어(주) 〉〉〉 http://www.taijinmedia.co.kr
서울시 강서구 등촌동 640-8

(주)대승인터컴 〉〉〉 http://www.daeseung.com
서울시 영등포구 당산동 2가 37 하나비즈타워빌딩 4F

사인코리아 〉〉〉 http://www.signcorea.co.kr
서울시 마포구 합정동 359-33

(주)싸이팅미디어 〉〉〉 http://www.cy-ting.com
서울시 관악구 신림본동 1411-9 두림빌딩 2F

질러 존 〉〉〉 http://www.zillerzon.com
서울시 마포구 서교동 358-114/tel 02-324-9707